大数据时代营销工程与创新研究丛书

黄敏学 主编

虚拟产品的社会化扩散机制研究

陈智勇 王殿文 ◎著

北京大学出版社
PEKING UNIVERSITY PRESS

图书在版编目(CIP)数据

虚拟产品的社会化扩散机制研究/陈智勇,王殿文著.—北京:北京大学出版社,2017.9
(大数据时代营销工程与创新研究丛书)
ISBN 978-7-301-28883-2

Ⅰ.①虚… Ⅱ.①陈… ②王… Ⅲ.①电子商务—网络营销—研究 Ⅳ.①F713.365.2

中国版本图书馆CIP数据核字(2017)第248245号

书　　　名	虚拟产品的社会化扩散机制研究 XUNI CHANPIN DE SHEHUIHUA KUOSAN JIZHI YANJIU
著作责任者	陈智勇　王殿文　著
策 划 编 辑	刘　京
责 任 编 辑	王　晶
标 准 书 号	ISBN 978-7-301-28883-2
出 版 发 行	北京大学出版社
地　　　址	北京市海淀区成府路205号　100871
网　　　址	http://www.pup.cn
电 子 信 箱	em@pup.cn　　QQ:552063295
新 浪 微 博	@北京大学出版社　@北京大学出版社经管图书
电　　　话	邮购部 62752015　发行部 62750672　编辑部 62752926
印 刷 者	北京宏伟双华印刷有限公司
经 销 者	新华书店
	720毫米×1020毫米　16开本　12.75印张　177千字 2017年9月第1版　2017年9月第1次印刷
定　　　价	36.00元

未经许可,不得以任何方式复制或抄袭本书之部分或全部内容。
版权所有,侵权必究
举报电话:010-62752024　电子信箱:fd@pup.pku.edu.cn
图书如有印装质量问题,请与出版部联系,电话:010-62756370

总　序

　　武汉大学中国营销工程与创新研究中心（Research Center for Marketing Engineering and Innovation of China at Wuhan University,简称"MEI"）致力于将工程管理的模型方法与营销管理有机结合起来,利用大数据带来的营销可计算性,通过模型分析和决策优化为企业构建出能够洞察市场、快速反应的市场营销系统,提升营销的精准性和时效性。

　　近年来,大数据从概念到应用日益普及,各行各业面临着很多机遇和挑战,也给我们提出了很多的问题和困惑,希望我们能够解决这些问题,最典型的问题是,企业拥有越来越多的数据,如何将数据转换成生产力？如何洞察数据背后的机制和智慧？如何利用数据来有效判断市场和服务市场？现有的营销策略和方法如何做升级和调整？本丛书力图通过与不同产业企业的结合,将基于数据的工程分析方法与现代的营销管理有机结合起来,试图构建出大数据时代新型的营销管理体系,实现大数据时代的"产（行业）、学（学术）、研（模型）"的有机结合。正是基于这一考虑,MEI组织了一个跨学科的团队,利用在中心攻读博士学位的有行业背景和跨学科背景的博士生,来进行交叉研究,既提炼出行业营销工程化管理中的关键问题,同时又发展出新的理论和模型来解决这些行业中的关键问题,做到理论与实践结合、模型与方法结合、数据与分析结合,力图通过更为系统的思路和方法,来解决企业经营管理中特别是营销活动中的问题。考虑到行业的代表性,我们在进行跨学科研究时,特意选择了与互联网结合紧密的不同行业,包括代表媒介的社会化媒介行业、代表工业品的钢铁行业、代表服务的基金行业、代表虚拟生活的游戏行业以及代表日常生活的快速消费品行业,试图从不同视角来探究大数据时代营销工程模型方法与企业营销管理的有机结合,为中国的营销工程与创新研究做出应有的贡献。

由于很多研究都是前瞻性的和综合性的问题,导致没有很多可以直接借鉴的成果,这在给我们课题组提供了理论研究创新空间的同时,也给我们的研究带来了巨大的挑战。因此,本成果只能对相关的研究进行初步的汇总,还有很多问题尚需要进一步探讨,构建和采用的模型还不够全面,分析的案例企业还可以更典型些。这些种种不足都将会在后续的研究中加以改进和完善,也恳请各位专家和同行不吝赐教,给予宝贵的批评和意见,为我们后续的研究提供建设性的帮助。本书是集体智慧的结晶,也特别感谢与我们合作多年的期货公司以及相关产业企业提供的资料和数据,这让我们得以充分地探究和分析,加快了我们研究的进程。

黄敏学　博士、教授/博士生导师

武汉大学中国营销工程与创新研究中心 主任

前　言

虚拟世界已经成为一种重要的网络社区，而且许多学者把研究重心放在了这一领域。但是目前关于虚拟世界中虚拟产品的扩散多从消费者心理感知视角出发，很少有研究分析社会传染对虚拟产品扩散的影响，以及不同消费者对于社会影响的不同感染程度。再者，关于社会传染的研究，往往以一种产品为研究，并未探究社会传染在不同产品之间的差异化作用。不同于实体企业的业务大多集中在某一领域，产品之间有一定的相似性，虚拟世界更多地是建构了一个类似于现实世界的环境，推出的产品成千上万，并且产品之间的差异也非常大，如实用型产品和享乐型产品，使得企业无法针对每个产品实施特定的影响。因此，本书从社会传染的视角出发，力求探究社会传染理论是否能够在虚拟世界中发挥影响，并在考虑产品差异的情境下，研究不同类型（社会地位高、中、低）的消费者在虚拟世界中对于社会传染的易感程度。具体地说，我们主要进行以下四个方面的研究。

第一，以往的研究，如 Manchanda $et\ al.$（2008）已经验证了即使是在有广告促销的情况下，社会传染对于产品扩散也有正向的影响，但是以往的文献更多地局限在现实世界中或是社会网络服务社区(social network service,SNS)中,并没有探究社会传染对虚拟产品扩散的影响。尽管虚拟世界是以现实世界为蓝本设计出来的,虚拟产品与现实产品有很强的相似性(Bainbridge,2007),但这并不能掩饰虚拟世界和虚拟产品自己独有的特点:如产品的多样性等(Zhou et al.,2012a)。因此,本书首先分析:在虚拟世界的环境下,社会传染是否能够发挥同现实世界相似的作用。本书的结果表明,社会传染确实能够促进虚拟产品的扩散。

第二,虚拟产品可以因为属性的不同而被区分为享乐型产品和实用型产品(Lehdonvirta,2009)。以往关于社会传染的研究多以现实世界中的实用型产品为主,并且都是一种产品(Angst et al.,2010;Iyengar et al.,2011),如药品(Iyengar et al.,2011)、医院信息系统等(Angst et al.,2010);或是多个产品并未区分享乐型产品和实用型产品(Du and Kamakura,2011)。但是以往关于产品类型的研究业已证明:消费者会因为产品类型的不同,而有着不同的产品诉求和购买倾向(Holbrook and Hirschman,1982;Okada,2005;Dhar and Wertenbroch,2000)。在本书中,我们分别探讨社会传染在不同产品类型下的作用,研究结果发现:无论是对于实用型产品还是享乐型产品,社会传染对于消费者采用虚拟产品都有正向影响的作用。但是,在不同的产品类型下,易感消费者有所不同,具体地说:对于享乐型产品,中间社会阶层消费者的采用意向比较高,低社会阶层的消费者比较低;而对于实用型产品,中间阶层的消费者有着比低、高社会阶层的消费者更高的采用意向。

第三,消费者所受到的社会传染对于消费者采用企业的产品有着显著的促进作用,这种正向影响不仅仅局限在同一产品,还有可能对相似的产品产生溢出效应。以往的文献在讨论社会传染的影响及验证他们的假设时多采用来自一种产品的数据,如著名的来自四环素的数据(Bass,1969;Burt,1987;Van den Bulte and Lilien,2001b),并没有探讨消费者如何面对一个品类内不同产品之间的关系。本书的第三个研究讨论消费者面对来自企业推出的一个产品系列时,多样性产品所产生的社会传染对其影响是否一致。本书的研究验证了产品扩散时的溢出效应,即其他消费者的采用(社会传染),不仅对目标消费者采用相同的产品有促进作用,而且对消费者购买同一品类内的其他产品产生正向影响。但是,对于不同类型的产品,消费者有着不同的易感性:对于实用型产品,尽管中间社会阶层的消费者比高、低社会阶层的消费者有着更高的采用意愿,但是他们更有意愿采用流行性产品;对于享乐型产品,尽管中间社会阶层的消费者采用意愿比高、低社会阶层的消费者采用意愿低,但是他们对于非流行性产品的意愿更高。

第四,本书也把社会传染的研究拓展到了产品升级的研究。以往的研究多是关注产品的初次购买(Burt,1987;Van den Bulte and Lilien,2001a;Van den Bulte and Lilien,2001b),或是不区分消费者的初次购买和后续购买(Du and Kamakura,2011;Manchanda et al.,2008),很少有研究专门关注消费者的后续购买,仅有 Iyengar et al.(2015)探究了社会传染对于产品重复购买的作用,但并没有关注社会传染在产品升级过程中的影响。本书的研究结果表明,社会传染不仅在产品升级的过程中发生作用,而且其影响力在后续购买中相比于初次购买更大。同样地,消费者的易感性也不同,即对于实用型产品,中间社会阶层的消费者有着更强的确认性,但是对于升级产品这种效果更为显著;对于享乐型产品,中间社会阶层的消费者采用意愿会更低一些,对于升级产品,这种效应同样也会更强。

本书是集体智慧和努力的成果。本课题是由丛书总主编黄敏学教授负责的课题所支持完成的,黄教授主要负责本书的总体研究思路和技术路线设计,相关具体研究写作工作是由本书的两位合作者最终共同努力完成的。其中,第一作者陈智勇有着丰富的虚拟世界管理运营经验,目前是武汉大学市场营销专业的在读博士,主要负责本书中游戏行业分析和研究设计与数据资料提供;第二作者王殿文从武汉大学市场营销专业博士毕业后,目前在中国矿业大学任教,主要负责本书研究的数据分析和结论撰写。本书的完成还要感谢武汉大学经济与管理学院市场营销专业的全体老师,是他们塑造的浓厚的研究氛围,让我们爱上学术,让本书得以顺利完成。正是因为他们的大力支持和无私奉献,才有今天这本书的完稿和出版。

陈智勇　王殿文

2017 年 9 月

目　录

第一章　引言 / 1
　　第一节　问题提出 / 1
　　第二节　研究背景 / 5
　　第三节　研究思路 / 8

第二章　虚拟世界背景介绍 / 11
　　第一节　虚拟世界的分类 / 11
　　第二节　虚拟世界市场格局 / 15
　　第三节　国内主要虚拟世界公司介绍 / 26
　　第四节　国内主要虚拟产品介绍 / 29

第三章　相关理论 / 33
　　第一节　虚拟世界和虚拟产品 / 33
　　第二节　社会传染 / 37
　　第三节　社会地位 / 48
　　第四节　实用型产品 VS 享乐型产品 / 54
　　第五节　产品多样性 / 59
　　第六节　产品升级 / 61
　　第七节　其他影响变量 / 62

第四章　社会传染对虚拟产品扩散的影响 / 71
　　第一节　研究问题 / 71
　　第二节　理论背景 / 73
　　第三节　数据和研究方法 / 76

第四节　研究结果 / 81

第五节　讨论和小结 / 82

第五章　不同产品类型情境下的社会传染差异化影响 / 83

第一节　研究问题 / 83

第二节　理论背景 / 85

第三节　研究方法 / 90

第四节　数据分析 / 97

第五节　讨论和小结 / 106

第六章　产品差异化情境下的社会传染差异化影响 / 109

第一节　研究问题 / 109

第二节　理论背景 / 111

第三节　研究方法 / 117

第四节　数据分析 / 124

第五节　讨论和小结 / 136

第七章　产品升级情境下的社会传染差异化影响 / 139

第一节　研究问题 / 139

第二节　理论背景 / 141

第三节　研究方法 / 146

第四节　数据分析 / 152

第五节　讨论和小结 / 157

第八章　结论和展望 / 160

第一节　研究结论 / 160

第二节　研究意义 / 162

第三节　研究局限和展望 / 166

参考文献 / 168

第一章 引言

第一节 问题提出

虚拟世界是指由计算机构建的,消费者可以通过化身(avatar)进行定居、交流及经济交易的虚拟社区(Bainbridge,2007;Guo and Barnes,2011)。目前在互联网上所表现出的"虚拟世界"主要以虚拟人物化身为载体,用户可以在其中进行生活和交流的网络世界。虚拟世界的用户可以自由地选择虚拟的化身,如《第二人生》(*Second Life*)中的"吸血鬼"角色、《魔兽世界》(*World of Warcraft*)中的"萨尔"等,以走、飞、乘坐交通工具等各种手段移动,通过文字、图像、声音、视频等各种媒介交流。尽管这个世界是"虚拟"的,因为它来源于计算机的创造和想象,是仿照现实社会构建的,是现实社会的虚拟投影(Lehdonvirta,2009);但这个世界又是客观存在的,它的用户化身及设施在用户离开后依然存在(存储于虚拟世界运营平台的服务器上),不会因为人的离开而消失。类似于现实社区,虚拟世界能够容纳成千上万的成员同时进行交互(Szell *et al.*,2010),很多现实社会中的活动,如用户之间相互的交流、交易、合作、学习、社会认同,甚至宗教(在某种程度上)都存在于虚拟世界中(Bainbridge,2007;Bainbridge,2012)。现阶段,虚拟世界取得了长足的发展。虚拟世界吸引了大量的用户:已有的数据显示,我国虚拟世界的活跃用户将从2009年的1.36亿增长到2017年的近5亿,仅仅《魔兽世界》就聚拢超过1 100万玩家(Animesh et al.,2011)。

虚拟产品(virtual goods 或 virtual items),也称虚体产品,是指虚拟世界中销售的商品(Juho and Lehdonvirta,2010;Lehdonvirta,2009)。虚拟产品既可以用虚拟货币购买也可以用现实中的货币购买,例如《第二人生》允许用户用虚拟货币进行交易,而《魔兽世界》则允许用户用现实世界的货币购买。虚拟世界中的虚拟产品与现实产品相比很类似(Fairfield,2005),在一个时间段内只能由一位玩家或是消费者使用,不能被复制(竞争性),不会随着电脑的开关而消失(持久性),并且不仅能够被一个消费者使用,也能够被其他消费者使用(通用性)。虚拟产品的销售为虚拟世界运营企业带来了巨大的收益:以美国市场为例,2011年美国虚拟产品的需求将达到73亿美元,预计在2015年会达到120亿美元(Chui et al.,2012;Cravens,2012),2017年则为220亿美元;在中国,虽然没有虚拟产品销售的直接数据,但是来自"伽马数据"的报告也显示,游戏产品的总收入达到了1 407亿元,而其中虚拟产品的销售占到了很大一部分(伽马数据,2015)。虚拟产品销售的巨大收益不仅吸引了商业界的关注,而且吸引了学术界的广泛关注,许多学者,如 Guo and Barnes(2011),Mäntymäki and Salo(2013)以及 Animesh et al.(2011)等都探究了影响消费者购买虚拟产品的影响因素。

社会传染是指已经采用某产品的消费者能够对未采用该产品的消费者产生一定比例的影响作用(Du and Kamakura,2011;Young,2009)。在现实世界的社会化媒体时代,由于信息的增多和信息传播成本的降低,使得广告对于用户的效应降低(Trusov,Bucklin and Pauwels 2009),社会传染效应,即用户之间的相互影响,对于用户购买新产品有着重要的作用(Aral, Muchnik and Sundararajan 2009; Trusov, Bucklin and Pauwels 2009)。比如, Trusov, Bucklin and Pauwels(2009)发现相比于传统的广告, 用户之间的相互影响(即社会传染)对于用户采用新产品有着更强的作用。而通过社会传染效应也能够在很大程度上预测用户的行为, Goel and Goldstein(2014)以社会传染理论为基础, 以雅虎公司的数据为背景, 通过对用户网络行为的分析, 发现对于用户的行为, 社会传染效应有着比广告更好的预测。而在虚拟世界中, 由于虚拟世界的自成体系以及虚拟世界中繁多的虚拟产品, 使得企业很难针对具体的产品实施广告, 因此这个时候, 用户之间的相互影响就显得尤为重要。再者, 虚拟世界基于电脑网络技术构建, 企业能够在很大程度上掌握用户的行为, 使得基于数据的分析研究成为可能, 这为本研究提供了客观的现实依据。

社会传染主要向被传染者传递两个方面的影响: 信息性影响和规范性社会传染(Deutsch and Gerard, 1955)。作为一种影响消费者购买的因素, 社会传染在营销中也起到了很大的作用, 即使是在大众媒体很发达的今天, 社会传染依然是影响消费者购买的重要因素(Manchanda et al., 2008)。以往的关于社会传染的研究应用在了很多领域, 如耐用品行业(Bass, 1969)、服务业(Libai et al., 2009)、快销品行业(王峰和黄敏学, 2012)、医药行业(Burt, 1987; Iyengar et al., 2011; Manchanda et al., 2008)和网络社区, 如Twitter(Harrigan et al., 2012)、Facebook(Aral and Walker, 2014; Bond et al., 2012)等, 但是, 并没有研究关注在虚拟世界情境下, 社会传染是否依然能够起到应有的传播效用, 这也是本研究关注的第一个问题。

本研究关注的第二个问题是对于不同类型的产品, 社会传染是否有着相同的影响机制。以往的研究多以一种产品(Aral and Walker, 2014; Bond et al., 2012)或是一类产品(Du and Kamakura, 2011; Risselada et al., 2014)作为研究的样本, 虽然这样的做法很好地控制了产品差异性对于估计结果的影响, 但是这些研究中隐含着一个非常重要的假设: 消费者针对不同类型的产品的反应或购买决策机制是一样的。以往的研究表明消费者对于不同类型的产品有着不同的反应机制(Botti and McGill, 2011; Dhar and Wertenbroch, 2000; Raghunathan and Corfman, 2006), 如 Okada(2001)发现,在面对享乐型产品(相对于实用型产品)的决策时, 消费者愿意花费更多的时间;同理,在面对实用型产品(相对于享乐型产品)的决策时,消费者愿意花费更多的金钱。并且以往关于社会传染的研究大多可以归属到实用型产品的行列,对于享乐型产品的研究很少。因此,本研究还会关注不同产品类型下,社会传染是否会产生相同的影响机制。

产品之间会存在着很大的差异,如不同的产品类型:实用型产品 VS 享乐型产品(Okada, 2005)。但是在同一类型的产品之间,企业也会推出多样性的产品来满足不同类型的消费者(Berger *et al.*, 2007; Villas-Boas, 2009),增强消费者的购买可能性,从而提高企业的营销效率。这也是本研究关注的第三个问题,即在产品多样性的情况下,社会传染是否依然能够起到传播效力。类似地,对于同一产品,特别是在虚拟世界的情形下,产品需要不断升级换代。不同于产品的初次购买,消费者在升级的情况下对于产品的信息以及产品所代表的群体规范已经有所了解,在这种情境下,探究社会传染是否依然能够起到已有的作用,是本研究关注的第四个重要问题。

以往的研究指出,消费者的个人决策主要受到外部其他消费者的影响以及个人内在特质的影响(Sridhar and Srinivasan, 2012)。因此,通过鉴定消费者的个人特征来鉴定不同消费者对于社会传染的易感性是现阶段社会传染研究的重要方面(Iyengar *et al.*, 2011; Ugander *et al.*, 2012)。借鉴以往的研究,我们引入消费者的个人社会地位作用来作为消费者的个人特征(Hu and Van den Bulte, 2014),探究三种情境下不同社会地位对于社会传染的易感性,即消费者对于社会传染的接受程度。这三种情境具体为:不同的产品类型,同一产品类型下的不同产品,同一产品下的不同代际。我们以国内某大型线上多玩家角色扮演游戏 2011 年 6 月 16 日至 9 月 17 日的数据为样本,具体探究了以下三个方面的问题:

(1) 社会传染对于不同类型的消费者是否具有相同的影响,对于不同消费者的易感性是否相似。(2) 对于同一类型的产品(如实用型产品 VS 享乐型产品)下的不同产品,社会传染是否对于不同产品有着不同的社会影响,不同消费者的易感性是否也会有所差异。(3) 对于同一产品的升级,社会传染是否还能够对消费者产生影响;消费者在面对不同等级的产品时,他们的决策是否会有差异等。

第二节 研 究 背 景

一、现实背景

利用消费者周围人产生的社会传染促进消费者购买,从而达到企业营销的目的,已经成为现阶段营销的一个重要方面(Du and Kamakura,2011;Young,2009)。特别是在虚拟世界的情境下,企业无法针对每个产品做全面的营销策略。因此,对于企业来说,如果能更好地理解社会传染影响消费者的机制,从而找到合适的潜在消费者并提供合适的影响路径,可以在很大程度上节约企业的营销成本。因此,我们的研究有着很强的现实背景。具体来说,主要体现在以下几个方面。

首先,虚拟世界和虚拟产品已经成为一个很重要的市场。虚拟世界吸引了大量的用户,中国的活跃用户将从 2009 年的 1.36 亿增长到 2013 年的 1.889 亿(Animesh et al.,2011);虚拟世界中虚拟产品的销售产生了巨大的产值,以美国市场为例,2011 年美国虚拟产品的需求将达到 73 亿美元(Greengard,2011),预计在 2015 年将会达到 120 亿美元(Chui et al.,2012),2017 年将在 220 亿以上。因此,研究虚拟世界中虚拟产品的扩散有着非常重要的现实意义。

其次,根据产品的不同属性,产品可以被分为实用型和享乐型产品,特别是在虚拟产品中,这种划分更加明确。由于消费者对于实用型和享乐型产品有着不同的认知(Botti and McGill, 2011; Dhar and Wertenbroch, 2000; Raghunathan and Corfman, 2006),因此,区分和理解不同类型的产品情境下,社会传染的差异化影响就有着非常重要的意义。另外,由于产品多样性的差异和代际的差异,使得消费者面对产品也有着不同的选择。同样地,理解和区分这些情境下消费者的差异化的被影响途径对于企业实施有目的的营销有着非常重要的意义,使得企业能够针对不同的消费者实施更加精准的营销。

最后,消费者的定位是企业非常关注的一个方面。寻找并确认何种类型的消费者更有可能去购买产品能够让企业的营销更有目的性,从而节省企业的成本。在以往关于虚拟世界里消费者个人特征对其购买的研究中,大多数是从消费者的心理动机出发(Gao, 2014; Jung and Pawlowski, 2014a; Mäntymäki and Salo, 2013)。虽然以往的研究为企业理解消费者提供了很多有益的视角,但是对于企业的实际操作则支持有限。因此,鉴定出一种具有实际可操作性的消费者特征对于企业的营销有着重要的意义。本书以消费者的社会地位为理论背景,并在此基础上鉴定出了消费者的社会地位的可操作定义,研究了不同社会地位的消费者、在不同产品情境下的差异化易感染程度,从而为更好地定位消费者提供建议。

二、理论背景

以往关于虚拟世界的研究主要从以下两个方面出发。第一,从消费者的心理感知出发,主要探究什么动机会导致消费者更有意愿去购买虚拟产品。例如,Mäntymäki and Salo(2011)从消费者的态度(attitude)、产品的属性(product attributes)以及感知到的网络大小(perceived network size)的角度来研究消费者的购买。第二,从虚拟世界设计的角度来探究如何提升消费者的购买。Animesh et al.(2011)的研究发现虚拟社区的技术特征(社交性和交互性)和消费者的空间感知(密度和稳定性)对于消费者的购买有正向影响。但是，以往的研究多从消费者的层面来理解虚拟世界中消费者购买虚拟产品（Animesh et al., 2011; Guo and Barnes, 2011; Mäntymäki and Salo, 2013; Mäntymäki and Salo, 2011; Park and Lee, 2011）。而且，这些研究把虚拟社区中其他消费者的影响更多地作为一个控制变量，没有深入地探讨其他消费者对于消费者采用产品的影响。因此，本书在以往研究的基础上，探究虚拟社区情境下，不同类型的消费者对于不同类型产品采用轨迹的影响。

社会传染是消费者做出营销决策的重要依据，以往的研究在这个领域着墨良多（Iyengar et al., 2011; Van den Bulte and Lilien, 2001; Wang et al., 2013）。在社会网络的框架下，以往的研究主要从消费者以下两个方面探讨社会传染对于消费者采用的影响。

第一，社会传染确实能够对新产品的扩散起到作用。尽管关于社会传染的研究有很多，最早的如 Bass 模型的开发（Bass, 1969），但是关于这方面的质疑依然存在，如 Van den Bulte and Lilien（2001）的研究发现消费者的传染作用对于四环素的扩散不起作用，主要是因为大众媒体的影响。但是他们的后续研究（Van den Bulte and Lilien, 2001）在考虑不同阶段的时间效用后，用两阶段模型修正了他们的研究结果。后续的很多研究，如 Iyengar et al.（2011）、Manchanda et al.（2008）、Van den Bulte and Lilien（2001）以及 Du and Kamakura（2011）都在消费者受到的大众媒体的广告效应基础上，验证了社会传染的存在。这也就证实了社会传染存在的真实性。

第二，哪些因素会调节到社会传染对于被影响者的作用，即从网络理论出发，识别出在网络环境下，哪些个人（Iyengar et al., 2011）、群体（Wang et al., 2013）或网络结构（Goldenberg et al., 2009）能够产生更大的影响力，哪些关系会产生更大的影响力（Aral and Walker, 2014），哪些个人（Hu and Van den Bulte, 2014）、组织、群体（Kacperczyk, 2013）或网络结构（Harrigan et al., 2012）会更容易成为被影响者。以往的文献从影响者的角度来探讨哪些特征、类型的影响者可能产生更大的影响力。例如，关注影响者的个人特征，如 Iyengar et al.(2011)发现意见领袖有更大的影响力，Aral and Walker(2012)发现女性比男性有更大的影响力等，这些企业可以通过鉴定消费者组织个体特征的方式找到更强的影响者。从被影响者的角度来探讨什么样类型的消费者会更容易接受影响者的影响：类似于从影响者的角度，被影响者的个人特征成为区分消费者类型的因素，Hu and Van den Bulte(2014)和 Iyengar et al.(2015)发现那些社会地位处于中间的医生更容易成为被影响者，Aral and Walker(2012)发现没有结婚的人群更容易受到影响。从影响者和被影响者之间的关系来研究社会传染，如影响者与被影响者之间的距离、影响的时间等。Aral and Walker(2014)则从影响者与被影响者之间关系的强弱、相互之间的同质性等阐述影响力，他们发现如果影响者与被影响者之间有更强的关系，更高的同质性，影响力就会增强。从消费者采用产品的不同阶段来探究社会传染的作用。目前大部分的研究集中在消费者的初次购买，如 Iyengar et al.(2011)和 Manchanda et al.(2008)，以及不区分初次和重复采用，如 Bass(1969)和 Libai et al.(2009)，但是 Iyengar et al.(2015)也验证了在重复购买的情境下，社会传染能够对消费者的采用起到促进作用。

从以上的总结中，我们可以看出：以往的研究并没有涉及产品差异的影响，而是更多地持有一个重要的假设，即产品是同质的，消费者对于不同产品的反应是一致的。因此，探究不同产品情境下的社会传染的影响，不仅能够得到已有文献的支持，也能够显著地补充哪些因素会调节社会传染对于被影响者的作用。

第三节 研 究 思 路

基于前述所讨论的研究问题，我们以社会传染的相关理论为框架，探讨社会传染在产品多样化的情境下(类型差异、多样化差异、代际差异)对于消费者采用的影响,同时探究消费者的社会地位对于社会影响的影响效力的调节作用。如图 1-1 所示,本书主要包括引言、写作背景介绍、相关理论、研究一、研究二、研究三、研究四、结论和展望八个部分。

第一章为引言,主要涉及问题提出、相关研究、理论框架和思路、研究方法和主要结论,展示本书的概貌。

第二章为本书的写作背景介绍,我们简单介绍虚拟世界的分类方式,现阶段市场发展的格局以及市场上主要的运营厂商,为读者直观认识虚拟世界的巨大经济价值做好铺垫。

第三章为相关理论部分。涉及七个方面:第一是关于现阶段虚拟世界的研究、第二是关于社会传染的研究、第三是关于社会地位的研究、第四是关于产品类型的研究、第五是关于产品多样性的研究、第六是关于升级的研究、第七是设计一些消费者采用的相关控制变量,如关系、中心度等。

第四章、第五章、第六章以及第七章分别为研究一、研究二、研究三和研究四。在第四章,本书首先探究社会传染是否能够促进虚拟产品的扩散;接着,在第五章,本书着力分析社会传染对不同产品类型的差异化作用;第六章则主要在产品多样性的情境下,分析社会传染的差异化作用;第七章分析社会传染在产品升级阶段的差异化作用。

第八章是结论和展望部分,将对研究进行整体性的总结,包括研究结论、研究的理论意义、研究的实践意义,并对延续此次研究提出了展望。

本书各章	研究目的及内容
一、引言	阐释本书的研究现实背景和理论背景，明确本书研究问题，并阐明研究思路。
二、虚拟世界背景介绍	包含虚拟世界的分类、主要市场格局、主要厂商以及主要产品。
三、相关理论	包含虚拟世界、社会传染、社会地位、产品类型、产品多样性、产品升级方面的文献。
四、社会传染对虚拟产品扩散的影响	本章主要探讨社会传染是否能够促进虚拟产品的扩散，为后续的三个研究奠定基础。研究发现：社会传染对于虚拟产品的扩散有着重要作用。
五、不同产品类型情境下的社会传染差异化影响	本章主要探讨在不同产品的类型下，不同社会地位消费者对于产品的差异化采用。本章发现，对于实用型产品，中间社会阶层的消费者有着更强的采用意愿，这与以往的研究结论相一致；而对于享乐型产品，相比于中间社会阶层的消费者，高、低社会阶层的消费者有着更强的采用意愿。
六、产品差异化情境下的社会传染差异化影响	本章主要探讨在同一产品类型、不同产品的情境下，不同社会地位消费者的差异化影响。本章发现，无论是实用型产品还是享乐型产品，社会传染都有着正向的影响，并且对于非流行产品的影响更大。但是不同社会地位的消费者的采用意愿有所不同：对于实用型产品，中间社会阶层的消费更容易采用流行性产品；而对于享乐型产品，中间社会阶层的消费者更不容易采用流行性产品。
七、产品升级情境下的社会传染差异化影响	本章主要探究在产品升级的情境下，不同社会地位的差异化影响。本章发现，无论是实用型产品还是享乐型产品，社会传染在产品升级中都有着更大的作用。但是不同社会地位的消费者的采用意愿有所不同：对于实用型产品，中间社会阶层的消费更容易采用升级的产品；而对于享乐型产品，中间社会阶层的消费者更不容易采用升级的产品。
八、结论和展望	总结和概括本书研究结论，阐释本书的理论贡献和实践启示，阐明研究不足并指出未来研究方向。

图 1-1　本书研究思路

第二章 虚拟世界背景介绍

第一节 虚拟世界的分类

现阶段,市场上存在着数以百计的、公开访问的虚拟世界,同时还有不计其数的用于公司和军事应用的私有虚拟世界(Mennecke et al.,2008)。这些公开访问的虚拟世界的开发是为了各种各样的目的和价值,服务于多种多样的目标市场(Mennecke et al.,2008)。关于虚拟世界的分类在学术界和实业界并没有很统一的方式,如 Jung and Pawlowski (2014a),Jung and Pawlowski(2014b)和 Mäntymäki and Salo(2011)等根据虚拟世界的内容把虚拟世界分为社会型虚拟世界和对战型虚拟世界;也有许多企业依据虚拟世界存在的不同端口,把虚拟世界分为端游、页游和手游等。本章首先基于以往研究和实业界操作的视角,为读者介绍关于虚拟世界的分类。

一、分类方式一:研究者视角

目前关于虚拟世界产品的分类方式有很多,在很多学者的定义中,按照虚拟世界的设计的功能来说,三维虚拟世界可以分为两个基本类别,即(1) 社会型虚拟世界(social virtual worlds)(Zhou et al., 2010；Hemp, 2006)和(2) 对战型虚拟世界(combat virtual worlds)。在以往学者的描述中,社会型虚拟世界是指那些对现实世界进行模型的网络社区,多个用户通过化身与彼此以及与世界本身进行交互,如最知名的《第二人生》,用户可以获取现实生活体验的虚拟环境,它支持很广范围的人造领域,包括：具有形象化和存在感特点的用户化身、文本和音频交互等。社会型虚拟世界不仅包括以成年人为目标的一般性多用户虚拟环境(multi-user virtual environments, MUVEs),如《第二人生》、*HiPiHi*、*Kaneva*、*There*、*ActiveWorlds* 等,而且包括其他一些专注于特定年龄段、特定人口统计特征或特定功能应用的虚拟环境,如迪斯尼的《虚拟神奇王国》(*Virtual Magic Kingdom*)、通用磨坊(General Mill)的 *Millsberry*,以及 Sulake Lab 的 *Habbo Hotel* 等(Mennecke et al., 2008)。类似于社会型虚拟世界,对战型虚拟世界则主要是基于一定的幻想背景,用户也可以通过化身与彼此及世界本身进行交互。专注于战斗的游戏包括结构化的(即封闭式的)大型多人在线角色扮演游戏(massively multiplayer online role-playing games, MMORPG),如《魔兽世界》、《安特罗皮亚世界》(*Entropia Universe*)、《无尽的任务》(*EverQuest*)、《最终幻想》(*Final Fantasy*)、*Star Wars Universe* 等。这一类虚拟世界专注于享乐性方面的使用,其设计是围绕社交、幻想和角色扮演来展开的(Mennecke et al., 2008)。如最知名的《魔兽世界》,是暴雪公司以该公司出品的即时战略游戏《魔兽争霸》的剧情为历史背景,依托魔兽争霸的历史事件和英雄人物设计的,因此魔兽世界有着完整的历史背景时间线。玩家在《魔兽世界》中冒险、完成任务、探索未知世界、征服怪物等。

尽管两者在分类上被区分为不同的类型,但是实际上,它们有着很多的共性,例如：二者都是公开访问的共享空间,其中多个用户通过化身与彼此及世界本身进行交互；二者都是独立于任何用户的持续世界；二者都将(三维)图像作为主要的内容形式(特别是在 Web 3.0 时代)；二者都支持即时互动；等等(Massey,2010；Book,2004)。另一方面,尽管有着许多共同点,这两类虚拟世界又在规则和约束、用户角色等方面有所不同(Fetscherin *et al.*, 2008)。以往的研究鉴别了社会型虚拟世界不同于在线游戏的一些方面(Massey,2010；Wu *et al.*, 2008；Mennecke *et al.*, 2008；Fetscherin and Lattemann, 2008)。第一,在线游戏的特征是它们通常会提供一些游戏内的物品供玩家获取、设定一些要求或人物供玩家完成,并有着根据开放式的幻想故事来开发的松散情节(Yoon,2005)。而社会型虚拟世界则未必会有这些特征(Wu *et al.*, 2008)。在社会型虚拟世界中,通常并没有预设的故事情节、任务或目标,只要"居民"想继续,就不会有"游戏结束",而且,几乎所有的物品都是由用户自己(而不是虚拟世界的开发者)创造的,而一个物品的创造者可以决定是否要与其他"居民"分享该物品。从这个意义上说,一个诸如《第二人生》等的社会型虚拟世界是真正由"用户创造的"(user-created)地方,是由其"居民"自己想象、创造和开发的地方。

第二,在线游戏的设计是为了建造一个以幻想为基础的娱乐性虚拟世界供参与者共同冒险,而社会型虚拟世界则专注于创造以计算机为中介的分享式体验,供用户一起交互(Bray and Konsynski,2007)。社会型虚拟世界不仅作为一种娱乐形式使得其他交互式 Web 应用程序相形见绌,而且对未来人们交互和开展商业的方式有极大的潜在影响(Fetscherin *et al.*, 2008；Mennecke *et al.*, 2008)。社会型虚拟世界的一个特性是其设计目的之一是充当现实经济区,其中用户可以就虚拟世界内的服务和由用户所创造的虚拟物品进行交易(Mennecke *et al.*, 2008)。例如,《第二人生》中就有一个活跃的"世界内"经济体系,其中的交易是用叫作"林登币"(Linden Dollars)的虚拟货币进行的,林登币可以很容易地与美元进行兑换。因为在《第二人生》中,"居民"可以创造他们自己的物品和产品并对其所创造的数字产品保有产权,因此,他们可以与其他"居民"就虚拟物品和服务进行购买、销售和贸易；另外,他们还可以发展友谊、社会网络和组织等(Fetscherin *et al.*, 2008)。基于这一观点,社会型虚拟世界绝不仅仅是游戏(Fetscherin *et al*.，2008；Mennecke *et al*.，2008)。

第三,对在线游戏的访问往往是收费的,而对社会型虚拟世界的访问则通常是免费的。此外,在线游戏中的所有玩家组合在一起形成同一个社区,他们对游戏的任务和目标具有同样的兴趣,玩家想要加入该社区是需要获得许可的。而在社会型虚拟世界中则可以有多种不同的兴趣点,因而也存在许多基于各种各样的共同兴趣、观点或价值观等的社区;对一个特定社区的访问通常对所有的"居民"来说都是"开放的"。在这个意义上,社会型虚拟世界是开放的而非封闭的。

第四,在在线游戏中,一个玩家可以选择或选取一个预设的人物(角色)来作为他自己在游戏中的个人身份。而在社会型虚拟世界中,"居民"拥有更多的自由度,他们往往可以创造(或再创造)无限接近于其理想人格的化身,因此,在社会型虚拟世界中,用户的身份是"用户化的"。

社会型虚拟世界与在线游戏的最后一个区别是,在在线游戏中,用户与用户的关系和用户与环境的关系通常是以具体情境为条件的,然而在社会型虚拟世界中,"居民"不仅可以与其他用户建立联系也可以与环境本身建立联系,这取决于他们自己的兴趣——换句话说,在社会型虚拟世界中,用户与用户的关系以及用户与环境的关系是"协作式的"。

二、分类方式二:实业界视角

尽管以往的学者为分析虚拟世界提供了很多有用的视角,但是正如很多学者所强调的那样,不同的学者对于虚拟世界的理解不同,这也就形成了他们对于虚拟世界的不同分类(Mäntymäki and Salo，2013；Shelton，2010),因此,在实业界的实际操作中,更多的是以用户接触的终端作为虚拟世界分类标准:端游、页游和手游。端游,全称是"客户端游戏",即是传统的依靠下载客户端,在电脑上进行游戏的网络游戏。而随着电脑性能的日益强大,游戏的画面、精细度、系统等各方面也迅速发展,因此引发的后果就是游戏客户端文件的庞大,比如《魔兽世界》游戏现在的客户端文件达到了 23 450 M(接近 23.45 G)之多,相对于多年前的《奇迹》

(Miracle Universe,MU)客户端的 557 M(不确定统计),已经增加了 4 000%的体积。页游,全称是网页游戏,又称 Web 游戏、无端网游,是基于 Web 浏览器的网络在线多人互动游戏,无需下载客户端,不存在机器配置不够的问题,而且关闭或者切换游戏极其方便,尤其适合上班族。手游也称为"手机游戏",指运行在手机上的游戏软件,现如今手机游戏也具有较强的娱乐性和交互性,能够满足上班族、学生党等大多人群的娱乐需要,如"王者荣耀","阴阳师","皇室战争"等。

第二节 虚拟世界市场格局

一、手游市场现状分析

中国的互联网用户从 2005 年的 1.11 亿开始,经历了 2005—2010 年 32.7%复合增长率的高速增长后,互联网用户规模的增速回归至常态,2011—2015 年的复合增长率为 8.5%,这意味着以流量生意为核心的主流商业模式面临流量源头上的天花板,新增市场空间逐渐缩小,如图 2-1 所示。

图 2-1 2005—2015 年中国互联网用户及渗透率

从净增用户量来看,中国 2007—2010 年经历了年均 7 000 万以上互联网用户的增幅,2011—2013年年均互联网用户增幅仅为5 000多万,而2014—2015年年均增幅已不足4 000万,中国互联网用户红利减退,如图2-2所示。

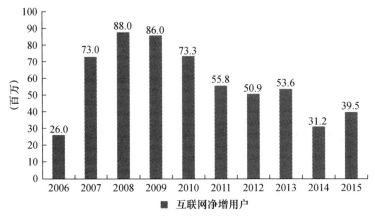

图2-2　2006—2015年中国互联网净增用户

中国手游行业在经历了几年超常规的快速增长之后,从2008年不足2亿元的市场规模,增长至2015年的514.6亿元,但之后增速开始下滑,由2015年的87.2%下降至2016年的36.0%左右,如图2-3所示。

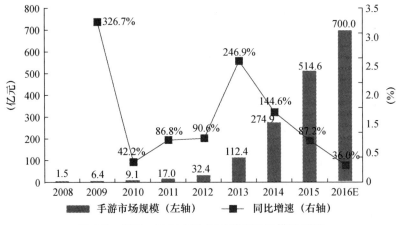

图2-3　2008—2016年中国手游市场规模及增速

在中国手游市场增速放缓的同时,腾讯和网易两家游戏巨头的市场规模从2015年前三季度的不足60%扩大至2015年第四季度的64.4%,

2016年第一季度进一步扩大至68%,如图2-4所示。国内高达上千家的手游研发团队或依附于两大巨头,或面临生存空间越来越狭小的压力,"出海"成为他们的重要选择之一。

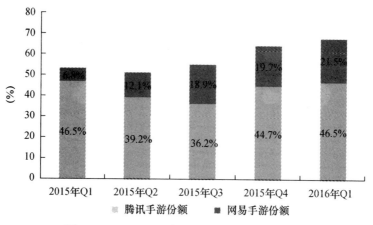

图2-4　2015—2016年腾讯、网易手游市场规模

国内手游产品供给过剩、竞争激烈,而大型手游的集中效应越来越明显,使得出海成为中小手游内容提供商(content provider,CP)的必然选择。一方面,国内手游的供给严重过剩:2016年5月国内新游数量达到1085款(如图2-5所示),月环比下滑22%;另一方面,游戏收入的二八法则越来越凸显,TOP10游戏的收入从2015年第三季度占行业44.9%的市场份额,扩大至2015年第四季度的59.4%,2016年第一季度仍有56.4%。

手游产业链主要包括手游研发商、手游发行商、渠道平台和用户,此外还包括支付渠道、营销媒体、移动广告平台等参与者。手游发行过程中,手游发行商成本涉及手游支付渠道费用、渠道分成、税费等。各种支付渠道费率如表2-1所示。一般情况下,渠道分成30%—70%不等,轻度游戏渠道分成约30%—40%,重度游戏渠道分成约50%—70%;渠道分成前还会扣除相应税费。由于渠道成本过高,加之手游发行商扣除税费并和手游研发商分成,手游发行商收入大大减少,生存空间被挤压。

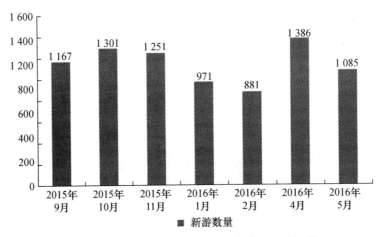

图 2-5　2015 年 9 月—2016 年 5 月中国新游数量

表 2-1　各支付渠道费率

支付通道	费率
支付宝	0.5%—2%
渠道虚拟货币	20%—30%
第三方点卡/话费卡	3%—5%
充值卡	30%

另外，中国网络游戏海外市场销售规模保持较快增长。2015 年中国自主研发网络游戏海外市场实际销售收入达到 53.1 亿美元，相比 2014 年增长了 72.6%。具体可参见图 2-6。

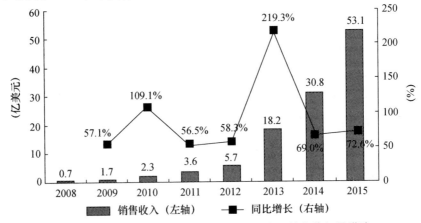

图 2-6　中国自主研发网络游戏海外市场实际销售收入及增速

其中移动游戏在中国出口海外的网络游戏产品中占比最高。如图 2-7 所示,2014 年中国出口海外的网络游戏产品中,客户端游戏数量占总出口网络游戏数量的 27.73%;网页游戏数量占总出口网络游戏数量的 30.88%;移动游戏数量占总出口网络游戏数量的 41.39%。随着 2015 年手游的快速增长,手游比重在 45%—50% 之间。

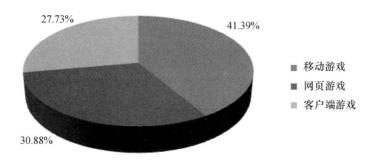

图 2-7 2014 年中国自主研发网络游戏出口产品类型构成比例

中国移动游戏海外市场销售规模保持高速增长。2014 年,中国自主研发移动游戏海外市场实际销售收入达到 12.73 亿美元,同比增长 366.39%。2015 年中国自主研发移动游戏海外市场实际销售收入为估算值,以自主研发出海移动游戏的 45% 进行估算,为 23.9 亿美元,具体如图 2-8 所示。

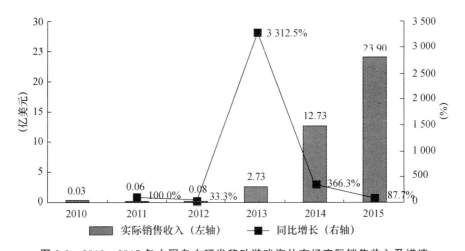

图 2-8 2010—2015 年中国自主研发移动游戏海外市场实际销售收入及增速

2014年东南亚游戏市场规模超过10亿美金,其中泰国和马来西亚的市场份额最高;预计2017年东南亚游戏市场规模将超过22亿美金,2013—2017年年复合增长率达到28.8%,领先拉美(14.2%)和东欧地区(14.7%)。东南亚移动游戏市场增长更为迅速,占整体游戏市场的份额不断提升。2014年东南亚移动游戏营收为4.36亿美元,增速超过100%,远高于整体游戏市场35%的增速,占整体游戏市场的份额为39.9%;预计2017年移动游戏营收将达到12.6亿美元,占整体游戏市场的比例为56.9%。

而我国港台地区移动游戏市场规模处于平稳上升期。我国港台地区的游戏市场发展较早,2013年是手游迅猛增长期,增长率超过250%,2015年移动游戏市场规模达到65亿元,同比增长59%,如图2-9所示。港台地区有80%的用户同时玩1—3款游戏,且对游戏的忠诚度较高,在畅销榜上可发现发行时间超过三年的游戏。此外,用户的付费能力较为可观,45%左右的用户会为游戏付费。

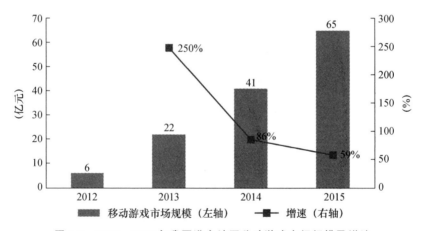

图2-9　2012—2015年我国港台地区移动游戏市场规模及增速

二、端游市场现状分析

截止到2015年,端游市场的年收入达到了561亿元,但收入增长仅为2%(如图2-10所示);而全年的用户为1.65亿人,增长仅为4%。总体而言,端游市场已经步入成熟期,整体增长迟缓。

图 2-10　端游市场历年收入及环比增长

而在用户规模上,2015 年虽然较前几年有一定的增长,但是增长规模已经很小,用户规模仅有 4% 的增长,这也显示端游市场已经步入成熟期,整体增长迟缓,如图 2-11 所示。

图 2-11　端游市场用户数目及环比增长

在产品研发商方面,多数公司转型手游,端游基本鲜有立项。以腾讯公司为例,2013 年以来,腾讯自研产品立项明显较少;代理产品数量也有所缩减,无大作压轴,如图 2-12 所示。而部分厂商已明确宣布不再立项端游:畅游、金山表示未来不再立项端游;完美、盛大虽未明确宣布,但上线新品已非常少。更多信息可参见图 2-13。

自研	代理
《刀锋铁骑》2013年发布	《冒险岛2》2015年代理
	《全职大师》2015年代理
《神之浩劫》2013年代理	《失落的方舟》2015年代理
《战争雷霆》2014年代理	《兽人必须死》2014年代理

图 2-12 腾讯游戏端游储备情况

 畅游
宣布不再立项端游

 盛大
仅《传奇永恒》一款重点产品

 巨人
无新品立项

 完美
仅《诛仙世界》一款重点产品

 金山
宣布不再立项端游
西山居仍有开发

 蜗牛
无新品立项

图 2-13 主要端游企业开发意愿

在产品类型上,2015年端游整体竞争格局变化不大,TOP20均为上市多年的老产品,如表2-2所示。在新上市的产品中,2015年上市新品数量很少,月收入达到4 000万元以上的有5款,如表2-3所示。

表 2-2 端游产品 TOP20

排名	产品名称	上市日期	类型	运营商	2015年收入（亿元）
1	穿越火线	2008/4/28	FPS	腾讯	88.54
2	英雄联盟	2011/7/21	MOBA	腾讯	80.64
3	DNF	2008/6/19	横版	腾讯	73.33

(续表)

排名	产品名称	上市日期	类型	运营商	2015年收入（亿元）
4	梦幻西游	2003/12/18	回合制	网易	—
5	天龙八部	2007/5/9	2.5D 即时	畅游	20.08
6	QQ炫舞	2008/5/22	舞蹈	腾讯	18.75
7	剑灵	2013/11/28	3D 即时	腾讯	17.55
8	QQ游戏	2003/8/1	小游戏	腾讯	15.82
9	QQ飞车	2008/1/23	娱乐赛车	腾讯	14.24
10	征途2	2010/11/19	2.5D 即时	巨人	12.57
11	热血传奇	2001/9/28	2.5D 即时	盛大	11.55
12	大话西游2	2002/8/1	回合制	网易	—
13	剑网3	2009/8/28	3D 即时	金山	8.92
14	WOW	2005/4/26	3D 即时	网易	—
15	逆战	2012/9/8	FPS	腾讯	7.96
16	诛仙2	2007/4/5	3D 即时	完美	7.37
17	CS OL	2008/12/16	FPS	世纪天成	7.14
18	御龙在天	2012/6/16	2.5D 即时	腾讯	6.84
19	问道	2006/4/22	回合制	光宇	6.81
20	倩女幽魂	2011/4/22	2.5D 即时	网易	—

表 2-3 新上市产品盘点

排名	产品名称	上市日期	类型	月均收入（万元）
1	天谕	2015/6/16	3D MMO	—
2	天涯明月刀	2015/6/30	3D MMO	7 000
3	使命召唤OL	2015/1/13	FPS	6 000
4	战舰世界	2015/11/27	TPS	5 500
5	怪物猎人OL	2015/12/20	3D ACT	5 000
6	反恐精英OL2	2015/3/25	FPS	4 000
7	上古世纪	2015/8/4	3D MMO	2 000
8	暗黑3	2015/4/21	2.5D ACT	—
9	镇魔曲	2015/4/14	2.5D ACT	—
10	星际战甲	2015/9/27	FPS	600
11	海战世界	2015/5/16	TPS	500
12	龙门虎将	2015/10/12	3D MMO	500
13	星辰变2	2015/8/17	2.5D MMO	400

另外,我们也盘点了截止到 2015 年年底的老产品收入增长及减少 TOP10,可参见表 2-4、表 2-5。

表 2-4　产品全年收入增长 TOP10

排名	产品名称	上市日期	类型	2015 年增长（亿元）	增长率(%)
1	英雄联盟	2015/6/16	MOBA	19.63	32
2	穿越火线	2015/6/30	FPS	8.79	11
3	剑网 3	2015/1/13	3D MMO	1.84	26
4	DNF	2015/11/27	横版动作	1.61	2
5	最终幻想 14	2015/12/20	3D MMO	1.26	80
6	FIFA OL3	2015/3/25	足球	1.06	57
7	Tera	2015/11/27	3D MMO	0.91	84
8	枪神纪	2015/12/20	TPS	0.86	82
9	幻想神域	2015/3/25	3D MMO	0.67	58
10	逆战	2015/8/4	FPS	0.40	5

表 2-5　产品全年收入下降 TOP10

排名	产品名称	上市日期	类型	2015 年增长（亿元）	增长率(%)
1	剑灵	2015/6/16	3D MMO	−4.55	−21
2	激战 2	2015/6/30	3D MMO	−4.49	−89
3	天龙八部	2015/1/13	2.5D MMO	−4.23	−17
4	九阴真经	2015/11/27	3D MMO	−1.51	−37
5	御龙在天	2015/12/20	2D MMO	−1.17	−15
6	QQ 炫舞	2015/3/25	音乐舞蹈	−0.85	−4
7	老征途	2015/11/27	2.5D MMO	−0.83	−13
8	QQ 飞车	2015/12/20	竞速	−0.80	−5
9	热血传奇	2015/3/25	2D MMO	−0.76	−6
10	笑傲江湖	2015/8/4	3D MMO	−0.74	−13

三、页游市场现状分析

随着行业技术升级,网页游戏画面质量、游戏操作、互动体验大大提升,同时兼具微端化、便捷性,符合游戏用户时间碎片化的要求,一经推出深受市场欢迎,行业发展迅猛。据中国音数协游戏工委(GPC)、国际数据公司(IDC)和伽马数据(CNG)2014、2015年发布的《中国游戏产业报告》数据显示,中国网页游戏实际销售收入从2008年的4.5亿元增长到2015年的119.6亿元,相应的市场份额从1.42%攀升到15.61%,已成为整体网络游戏市场的重要组成部分之一。

早期的网页游戏凭借进入门槛低、投资收益高、研发周期短等特点,引发大量资金涌入,迅速加快了行业运转,市场规模急剧扩大,2008—2010年间,网页游戏市场规模扩张了近10倍。与此同时,过度火热的市场行情催生出盲目式的扩张发展战略,网页游戏领域开始出现产品过剩、同质化严重、产品黏性低、用户流失率高等现象。随着用户市场成熟度的提升,以量取胜的粗放竞争模式已经无法适应日趋理性的网页游戏市场。

在中国自主研发网络游戏境外市场上,客户端游戏、网页游戏和移动游戏呈现三足鼎立之势。据GPC、IDC和CNG《2014年中国游戏产业海外市场报告》数据显示,2014年,中国自主研发网络游戏中客户端游戏境外销售收入为8.53亿美元,同比增长4.15%;网页游戏境外销售收入为9.50亿美元,同比增长30.49%;移动游戏境外销售收入为12.73亿美元,同比增长366.39%。

中国自主研发网络游戏境外市场范围逐步扩大,我国港澳台地区和东南亚地区依旧是重要的出口目的地,对北美、日本、欧洲等地区出口比重亦有所提升,俄罗斯和中东地区游戏市场正逐步打开。未来,随着国内游戏市场竞争加剧,相信更多游戏企业将加大境外布局力度,进一步扩大境外市场规模。

经过多年的发展,国内网络游戏行业已经形成了以综合型互联网企业、游戏研发企业和游戏运营企业为主要竞争参与者的市场格局。以腾讯、网易、盛大、完美世界等为代表的综合型互联网企业凭借强大的资金优势、庞大的客户基础和大量的技术积累基本完成了对游戏全产业链的布局,业务领域涉及客户端游戏、网页游戏和移动游戏的研发、发行与运营等,在行业内具有较强的影响力,大多已在资本市场上市。

网页游戏研发商领域竞争较为激烈,集中度不高,不存在具备绝对竞争优势的龙头企业。2014年网页游戏研发商市场相对分散,尚无一家厂商的市场份额超过10%。随着行业竞争加剧,在制作周期、人力和资金投入方面迅速提高了研发的进入门槛,未来页游研发厂商市场集中度将有所提升。目前各页游研发商发展策略有所差异,未来行业竞争格局变数较大,坚持不懈走精品化路线的企业有望在未来竞争中占据有利地位。

下游的网页运营平台竞争格局相对稳定,市场集中度进一步提高。据相关数据显示,2014年,前五大网页游戏运营平台商的市场份额合计达到66.5%,其中腾讯凭借庞大的用户基础占据了32.9%的份额。另外,随着用户获取成本的进一步提高,未来页游运营平台会更集中于综合实力较强的公司,对优质游戏产品的竞争将更加激烈。

另外,中国自主研发网页游戏在境外市场行业集中度均较低,不存在具有绝对控制力的龙头企业。2014年,中国自主研发网页游戏境外销售收入达到9.5亿美元,销售额排名前五的企业分别是广州 Proficient City、昆仑万维、智明星通、R2Games、杭州诺游,其占比分别为10.17%、7.76%、7.13%、6.44%、5.09%,其余企业各自占比均不足5%。

第三节 国内主要虚拟世界公司介绍

游戏行业的巨大利润吸引了很多公司参与虚拟世界的开发。目前,较大的公司为腾讯、网易以及完美世界等。如图2-14所示,截止到2016年年底,前两大虚拟世界运营商占据了市场66.9%的市场份额,其中,腾讯公司占据了35.6%的市场份额,网易公司的市场份额为31.3%。而其他厂商,如完美世界、厦门雷霆等所占市场份额较少,这也表明,国内市场已经形成了比较高的集中度。

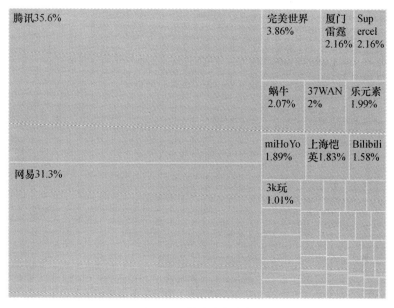

图 2-14 游戏市场份额

一、腾讯游戏

目前腾讯游戏占据了市场中最大的市场份额,其中主要的产品为《王者荣耀》《剑侠情缘》《火影忍者》《全民飞机大战》等。腾讯游戏的产品布局深,产品线广,不过近年来随着手游市场的发展,腾讯游戏的发展却没有以往那么顺利,不过凭借着强大的技术开发实力和市场底蕴,腾讯游戏依然占据着市场龙头老大的地位。其主要产品如图 2-15 所示。

二、网易游戏

在端游时代,网易游戏的发展遵循精品路线,在产品布局上多以产品的深耕为主,多年来,产品收入主力来自《大话西游》《梦幻西游》和《倩女幽魂》等产品。这种策略也使得网易在手游时代迅速发展,特别是前几年推出的《阴阳师》,长期占据了游戏榜排名的首位。但是,相比于腾讯游戏的多产品布局,网易游戏也存在着产品线较短的问题,如果用户的偏好发生变化,可能会影响未来的市场地位。其主要产品如图 2-16 所示。

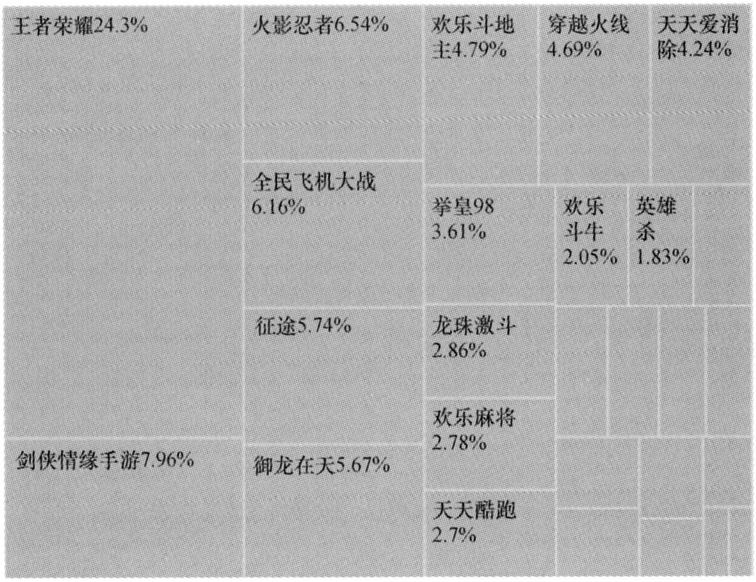

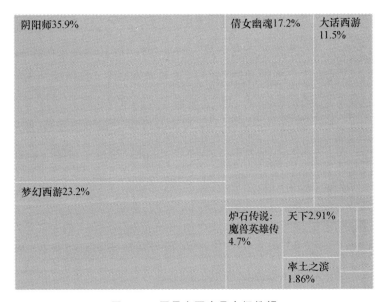

图 2-15　腾讯主要产品市场份额

图 2-16　网易主要产品市场份额

三、完美世界

完美世界股份有限公司简称"完美世界",2004年,完美世界游戏业务正式创立,其推出的第一款游戏产品《完美世界》大获成功。2007年,完美世界游戏成功于美国纳斯达克上市。2008年,完美世界影视成立,并于2014年12月成功登陆A股市场,公司名称为"完美环球娱乐股份有限公司"(简称"完美环球")。2015年7月,完美世界游戏完成私有化。现阶段,完美世界的产品线较为单一,主要收入来源依赖于《诛仙》,近年来随着《青云志》的上市,这种局面才有所扭转。其主要产品如图2-17所示。

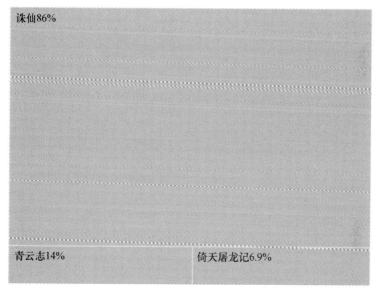

图 2-17 完美世界主要产品市场份额

第四节 国内主要虚拟产品介绍

据统计,截至目前(2016年12月)最火的游戏为网易开发的《阴阳师》,其次为腾讯开发的《王者荣耀》,之后为《梦幻西游》《倩女幽魂》以及《大话西游》等,图2-18提供了更全面的排名。

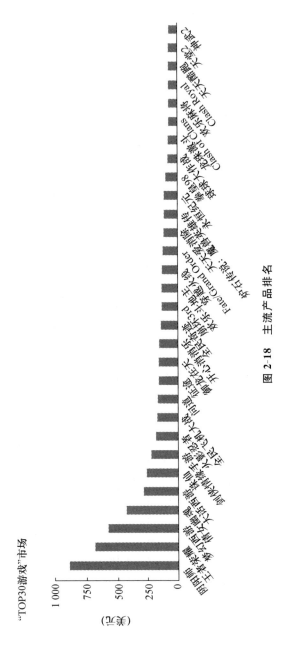

图 2-18 主流产品排名

1.《阴阳师》

《阴阳师》是由中国网易移动游戏公司自主研发的 3D 日式和风回合制 RPG 手游。2016 年 6 月 1 日 11:00,《阴阳师》开放 Android 首测;同年 9 月 2 日,登陆 IOS 平台于 App Store 首发;同年 9 月 9 日,《阴阳师》全平台公测。游戏中的和风元素是以《源氏物语》的古日本平安时代为背景设计的。游戏剧情以日本平安时代为背景,讲述了阴阳师安倍晴明于人鬼交织的阴阳两界中,探寻自身记忆的故事。《阴阳师》的故事背景发生在人鬼共生的年代,原本属于阴界的魑魅魍魉,潜藏在人类的恐慌中伺机而动,阳界的秩序岌岌可危。幸而世间有着一群懂得观星测位、画符念咒,还可以跨越阴阳两界,甚至支配灵体的异能者,他们正各尽所能,为了维护阴阳两界的平衡赌上性命战斗并被世人尊称为"阴阳师"。

2.《王者荣耀》

《王者荣耀》是由腾讯游戏开发并运行的一款运营在 Android、IOS 平台上的 MOBA 类手游,于 2015 年 11 月 26 日在这两个平台上正式公测,游戏前期使用名称有《英雄战迹》《王者联盟》。游戏是类 DOTA 手游,游戏中的玩法以竞技对战为主,玩家之间进行 1V1、3V3、5V5 等多种方式的 PVP(player VS player)对战,还可以参加游戏的冒险模式,进行 PVE(player VS environment)的闯关模式,在满足条件后可以参加游戏的年度排位赛等。2016 年 11 月,《王者荣耀》荣登 2016 中国泛娱乐指数盛典"中国 IP 价值榜——游戏榜 TOP10"。

3.《梦幻西游》

《梦幻西游》是一款由中国网易公司自行开发并营运的网络游戏。游戏以著名的章回小说《西游记》故事为背景,透过 Q 版的人物,试图营造出浪漫的网络游戏风格。《梦幻西游》拥有注册用户超过 3.1 亿,一共开设收费服务器达 472 组,最高同时在线人数达 271 万(2012 年 8 月 5 日 14:45),是当时中国大陆同时在线人数最高的网络游戏。游戏于 2013 年 6 月 24 日改名为《梦幻西游 2》。2016 年 2 月 29 日正式定名为《梦幻西游》电脑版。此外,还有由网易携手上海漫唐堂文化传播有限公司倾力打造的漫画版。

4.《倩女幽魂》

《倩女幽魂》是网易游戏旗下雷火工作室出品的一款角色扮演类电脑客户端游戏,游戏初始命名为《倩女幽魂》,后改为《倩女幽魂2》,2015年9月,定名为《新倩女幽魂》。游戏以聂小倩和宁采臣之间的爱情故事为主线,玩家可以通过剧情任务一步步感受这段恋情,也能够以过客的身份,感受兰若寺的气息,并与小倩、燕赤霞、姥姥面对面接触。

第三章 相关理论

第一节 虚拟世界和虚拟产品

一、虚拟世界

虚拟世界是指由计算机构建的、消费者可以通过化身进行定居、交流及经济交易的虚拟社区(Bainbridge,2007;Guo and Barnes,2011),它是仿照现实社会构建的,是现实社会的虚拟投影(Lehdonvirta,2009)。虚拟世界允许成千上万的成员同时进行交互(Szell and Thurner,2010),很多现实社会中的活动,如用户的交流、交易、合作、学习、社会认同,甚至宗教(在某种程度上)都存在于虚拟世界中(Bainbridge,2012),这也使得很多关于现实社会的研究都可以在虚拟世界中完成(Bainbridge,2007)。中国虚拟世界中的活跃用户将从2009年的1.36亿增长到2013年的1.889亿(Animesh et al.,2011)。虚拟产品的市场很大,诞生了许多依靠虚拟产品的销售生存的企业(Sheldon,2007),如聚拢了1 100多万玩家的《魔兽世界》。

虚拟世界不同于传染的网络社区服务,如品牌社区、BBS 等,主要体现在四个方面(Zhou *et al.*,2012b):第一,它是开放的,它允许消费者进行各种各样的用途(Verhagen *et al.*,2011),用户可以利用虚拟世界交流、交易、甚至是学习;第二,相比于其他传统的网络社区或服务,虚拟世界更容易上瘾;第三,虚拟世界是一个能够让消费者感受社会存在的社区,它能够提供给消费者很多类似于现实社会的场景;第四,或许不是很显著,但的确是很重要的一点,它能够同时提供这些特点(Zhou *et al.*,2012b)。一般来说,虚拟世界可以因为内容的关注点不同、玩家的交互方式不同、消费者的流动程度不同,将交易分为多种类型,这种不同可以满足不同消费者的偏好。有些虚拟世界的设计主要是为了满足用户之间的交流,如《第二人生》。有的虚拟世界也添加了一些游戏的要素,如完成任务、组队打怪等。在一些情况下,这些行为甚至能成为虚拟世界的主要因素。有些虚拟世界是免费的,而有些则需要用户支付一定的费用。在我们的研究中,我们主要探讨虚拟世界中虚拟产品向某位消费者的扩散如何受到其他消费者的影响,并研究不同状况下不同消费者的受影响程度。

一般情况下,虚拟世界会根据一些现实世界的规则来进行建模设计,仿真出诸如重力、地貌等现实世界中的规则,同时,虚拟世界还会设计一些现实世界中不存在的元素,如魔法等。在这样一个部分仿真现实世界的虚拟世界中,每个现实世界中的用户都可以通过创建一个个性化的虚拟人物作为其在虚拟世界中的化身,并通过操控该虚拟人物来探索所处的虚拟世界(人机间交互)、与其他用户的化身进行交流协作(用户间交互)等。化身的形式有多种多样,它们不但可以通过(二维或三维的)图像的形式来表现,而且可以通过文字的形式来表现,甚至可以通过具有听觉和触觉的在线视频来表现。化身之间的交流也如同现实世界一样,可以通过文字、图片、语音等多种方式来进行。尽管虚拟世界中的化身有着不同的表现形式和交流方式,虚拟世界中有一点是毋庸置疑的:虚拟世界应当而且必须支持多用户的存在和使用。

二、虚拟产品

虚拟产品,也称虚体产品,是指在虚拟世界中销售的产品(Juho and Lehdonvirta,2010;Lehdonvirta,2009)。虚拟产品既可以用虚拟货币也可以用现实中的货币购买,例如《第二人生》允许用户用虚拟货币进行交易,而《魔兽世界》则允许用户用现实世界的货币购买。尽管虚拟产品在大多数情况下都不会超过 5 美元(Chui et al.,2012)(这是在美国,在中国可能会更低),但是由于用户的广泛参与,2007 年,美国的虚拟产品市场达到了 21 亿美元,2011 年美国虚拟产品的需求将达到 73 亿美元,2014 年预计将会达到 140 亿美元(Greengard 2011),2017 年则为 220 亿美元以上。相对于实体产品,虚拟产品最大的特点是"虚拟"性,即虚拟产品只存在于由电脑技术创造的世界中。虚拟产品由此也更多地被定义为:在虚拟世界中销售的产品。相比于实体产品,虚拟产品有自己的特点,在 Fairfield(2005)的研究中,虚拟产品相对于实体产品具有三大特性:竞争性(rivalrousness)、持久性(persistence)和通用性(interconnectedness)。所谓竞争性,是指虚拟产品与实体产品一样,在一个时间段内只能有一位玩家或是消费者使用,不能被复制,而信息产品可以同时被多个消费者使用,或被复制(Geng et al.,2005;Wu et al.,2008)。持久性是指虚拟产品能够被保持(至少在一段时间内),不会随着电脑的开关而消失,如 QQ 秀服装等。通用性是指虚拟产品不仅能够被一个消费者使用,而且能够被其他的消费者使用。类似于实体产品,虚拟产品也有功能属性,能增强玩家参与虚拟世界的功能和性能;享乐属性,即增强玩家视觉和声音或背景上的绚丽度,提供物品出处的说明,丰富产品自我呈现方式的灵活性,扩大产品的品牌效应;社交属性,即商品的稀缺性,这是不同群体之间相互区分的一个重要标准。

三、虚拟消费

以往关于虚拟消费的研究主要集中在探究虚拟环境如何影响消费者

购买虚拟产品。首要的出发点是认为消费者在虚拟世界中消费虚拟产品与他们在现实世界中消费真实产品比较类似(Lehdonvirta *et al.*，2009；Zwick and Dholakia，2006)，因此，许多研究就沿着现实产品消费者的逻辑，并借用现实产品消费的理论来探究消费者为什么购买并消费虚拟产品。例如 Animesh *et al.*(2011)发现，消费者对于虚拟世界的空间环境和技术环境的感知会影响消费者的购买决策，Mäntymäki and Salo(2013)发现消费者的动机因素(感知有用性和感知快乐)、社会传染影响因素(感知网络规模)、虚拟世界界面因素(社会存在、感知易用性)以及虚拟世界的支持设施(自我效能、可用性)会影响消费者的最终购买。总结来说，以往的关于虚拟产品消费的文献可以从以下三个方面进行归类。

第一，从消费者的心理感知出发，主要探究什么样的动机会导致消费者更有意愿去购买虚拟产品。例如，Mäntymäki and Salo(2011)从消费者的态度、产品的属性以及外部影响的角度来研究消费者的购买。Verhagen *et al.*(2012)则从消费者动机(内在动机和外在动机)的角度来探究消费者购买虚拟产品的原因。Mäntymäki and Salo(2013)从消费者的动机因素、社会影响因素、虚拟世界界面因素、虚拟世界的支持设施探究消费者购买的因素。Jung and Pawlowski(2014b)则运用社会表征理论(social representations theory)以及核心边缘分析，鉴定出了消费者消费虚拟产品的 32 个缘由。闫幸和常亚平(2013)则发现影响虚拟礼品的主要因素为消费者的理念、产品是否为定制、产品是否能够比较便利地购买等。

第二，从虚拟世界设计的角度来探究如何提升消费者的购买。Animesh *et al.*(2011)的研究发现虚拟社区的技术特征(社交性和交互性)和消费者的空间感知(密度和稳定性)对于消费者的购买有正向影响。Szell and Thurner(2010)则研究了不同网络类型下的虚拟世界用户，不仅研究了朋友网络、敌人网络和交流网络下不同消费者的活动方式，而且用大量的数据验证了现实社会中关于弱关系的研究(Granovetter，1973)。Wu *et al.*(2013)鉴定了两种不同类型的虚拟产品类型，武器和装饰品，并探讨了它们对于虚拟社区以及其他消费者的网络效应。例如，如果平台过多地给消费者提供可以用钱买得到的虚拟产品,就会降低其他用户的体验,从而引起消费者参与度的下降,进而降低虚拟产品的总体购买数量。

第三,仔细检查以往的研究我们不难看出,以往的学者多从消费者层面来理解虚拟世界中消费者的虚拟产品购买(Animesh et al.,2011;Guo and Barnes,2011;Mäntymäki and Salo,2013;Mäntymäki and Salo,2011;Park and Lee,2011),并且,以往研究将虚拟社区中其他消费者的影响更多地作为一个控制变量,没有深入地探讨其他消费者对于被研究消费者带来的影响。因此,本书以虚拟世界中新产品扩散的数据为样本,详细探究社会影响对于消费者采用新产品的影响,并在此基础上探究不同类型的消费者对于不同类型的新产品的采用轨迹。

第二节 社 会 传 染

关于"传染"的概念最早起源于生物科学,描述疾病通过群体之间的相互接触而传播的过程。后来,这一概念被介绍到社会学中,讲述由于用户之间的相互接触,导致信息、规范不断传播的过程,是个人对于周围身边其他个人的可见行为的一种确认和跟随(Jahoda,1959)。之后,传染被作为一种理论的假设应用到营销研究中,主要是指已采用消费者能够对未采用消费者产生一定比例的影响作用(Du and Kamakura,2011;Young,2009),强调周围其他消费者的同伴效应(Deutsch and Gerard,1955;Jahoda,1959)。现阶段,社会传染已经成为营销领域中研究消费者行为(Risselada et al.,2014;Van den Bulte and Wuyts,2007)、态度变化(Cialdini and Trost,1998;Kelman,1961)以及产品扩散(Wang et al.,2013)的重要外部因素。由于社会传染是一个很容易和社会影响、社会学习相混淆的概念,因此,本节首先从社会传染、社会影响和社会学习的区分开始,其次总结社会传染向被影响者传递的内容,然后讨论社会传染的应用领域,再之后简要总结以往关于社会传染的研究成果和测量方式,最后提出本书的研究重点。

一、相关概念区分

社会传染(social contagion)是一个源于社会学,并在营销中得到广泛应用的概念。在营销研究中,这个概念经常会和一些其他的概念,如社会影响(social influence)(Cialdini and Goldstein,2004)、社会学习(social learning)(Jing,2011;Moretti,2011)有着比较强的相关性,并且在很多文献中并没有做出很精细的区分,如 Risselada *et al*.(2014),虽然全篇都在探讨社会影响的作用,但是他们并不讨论社会影响中的影响过程,如内在化、鉴定化以及服从,只是着重强调社会网络中的传染效用。同样地,Aral and Walker(2014)也只关注社会影响中的传染效用,对于社会影响的内在说服机制并不关注。因此,我们有必要首先明晰这三个概念在营销中的区别。

Young(2009)对于这三种概念做了很好的区分,他认为:社会传染是一种根植于营销领域的假设,社会传染是指未采用的消费者受到了那些已采用消费者的影响,整个创新的过程就像是传染病一样,消费者采用新产品(感染)的可能性在整个过程中是以一定的比例变化,最典型的就是 Bass 模型的研究(Bass,1969),整个扩散过程是典型的 S 形曲线。社会影响是更多地应用于社会学中的假设,其基本假设是消费者的采用是因为周边已经有足够的消费者采用,即消费者周围的同伴达到一定的临界点之后他就会采用,社会影响更强调消费者的说服、消费者态度改变的过程(Cialdini and Goldstein,2004;Kelman,1961)。社会影响的扩散过程在一开始有可能是加速的过程,也可能是减速的过程,但是一旦过了某一个临界点(说服点)之后,整个扩散过程将会呈现出指数的曲线。社会学习更多是一种经济学的假设,其假设消费者在看到了足够的采用之后,还要结合自身的状况评估产品是否值得采用。例如 Frayne and Latham(1987)和 Ginter and White(1982)把社会学习导致的组织行为改变基于三个方面的原因:个人以前的行为、其他消费者的因素以及整个环境的因素,强调组织行为的变化是这三种因素相互作用的结果。基于社会学习的传播过程在最开始可能是加速的,也可能是减速的,但是一旦过了临界点之后,就会呈现出指数的扩散曲线。

本书的研究主要借鉴基于社会传染的假设来研究同伴效应,在此基础上探究什么样的消费者是社会传染的易感人群。

二、信息性影响和规范性影响

社会传染是指被影响者在接触到影响者的采用(感染)信息之后行为的改变。以往的研究(Iyengar *et al.*,2015;Van den Bulte and Wuyts,2007)表明,社会传染主要从两个方面影响被影响者:信息性影响和规范性影响。关于信息方面的影响,主要是指消费者通过与周围人群的交流,接触到关于产品的信息,其交流的内容不一定是特定的产品或服务,但消费者也可能无意识地模仿,产生交互行为的人群也不一定有消费行为,他们只需要对于该产品足够了解,并且能有足够的信息去讨论产品(Van den Bulte and Wuyts,2007)。通过观察其他消费者的行为、态度等,消费者能够增加他们关于产品的信息,比如更好地了解产品的成本和收益,更好地理解产品或服务的特殊性能,如小明从朋友小亮那里了解到 MP3 播放器的操作可能比想象中简单,即使新信息不能提升消费者的知识,也还是能够让消费者确认现有的信息,减少不确定性。

社会传染对于消费者信息的升级有着重要的作用,主要体现在以下方面。首先,潜在消费者对产品信息的掌握会有一定的缺失,造成他们对于产品的特征和收益有一定的理解偏差,其他消费者的采用能够有效降低这些偏差。其次,大众广告的信息无法为消费者提供足够的信任度,这也是社会传染的信息性影响发挥作用的重要场所。再次,信息性社会传染能够为消费者提供足够的使用场景,让消费者详细了解产品,从而让消费者对产品的理解不是局限于特定的场景,而是有很强的适用性,并且以往的文献也已经证明,消费者感受到场景对于自己的适用性对于其采用产品是至关重要的(Van den Bulte and Wuyts,2007)。

社会传染对于消费者采用的另一个重要影响是已采用者所产生的规范性压力,它是指消费者寻求与他周边的其他消费者一致的压力(Burnkrant and Cousineau,1975)。社会规范有两种影响方式:一是避免惩罚或是得到奖赏,如果焦点消费者不能与群体中的其他消费者保持一致,那就有可能受到群体的惩罚,反之,则有可能受到奖赏;二是保持一致性,主要是让消费者与影响者保持一种更近的社会关系(Iyengar et al.,2015),当消费者经历与其他消费者行为不一致时,如消费者周围的其他人采用了某一创新,而他并没有采用,那么焦点消费者和其他消费者的心理距离和亲近感就会在一定程度上降低(Raghunathan and Corfman,2006),为了减弱这种压力,消费者就有动力采用创新的产品。但是,这种压力也会随着消费者而变化,Van den Bulte and Stremersch(2004)发现那些拥有高集体主义、高尊重意识、高权威性国家的消费者受到的社会传染会更大,因为他们在日常生活中遇到的规范性压力更大。另外规范性的社会传染也会随着产品的不同而不同,具体地说,焦点消费者对于该群体代表性的确认也会影响该消费者关于产品的认定,从而会影响消费者的采用(Rogers,2010)。还有一点很重要的是,社会规范的习得并不是一蹴而就的,它更多地是一个过程。因为社会规范代表的是群体的行为,焦点消费者需要面对的是整个群体,刚开始的时候他对整体并不是很了解,随着在社区内时间的延长,他对这个社区的了解逐渐加深,就会更快地了解群体的规范(Iyengar et al.,2015)。

三、社会传染的研究背景

社会传染的理论假设有着非常广泛的应用领域,从消费者个人层面,到组织层面,再到各个行业都可能涉及。

关于社会传染研究比较集中的一个行业是耐用品行业,Bass(1969)开发了一种通过对消费者创新系数和模仿系数(社会传染)的建模,预测新产品扩散的模型(Bass模型);之后关于Bass模型的研究,如Dodds(1973)和Mahajan et al.(1990),大多集中在耐用品行业;近年来,关于

Bass模型的研究也被应用到其他行业,如快销品行业(王峰和黄敏学,2012)等。

另外一个关于社会传染的研究主要集中在医药行业,如 Burt(1987),Van den Bulte and Lilien(2001a,2001b)研究了社会传染在一种抗生素(四环素)扩散过程中的影响;Iyengar *et al.*(2015)和 Van den Bulte and Iyengar(2011)研究了医生开处方时参考其他医生的社会传染;Manchanda *et al.*(2008)用来自医药行业的数据验证了即使是在控制大众媒体的情况下,社会传染依然能够起到很大的作用。

还有一个重要背景是网络社区,如 Harrigan *et al.*(2012)用来自 Twitter 的数据证明网络结构,如用户之间的互惠关系、某些三元结果,能够调节社会传染的作用。Aral and Walker(2012,2014)则用 Facebook 的数据探讨了社会关系(同质性、关系强度)对于社会传染的调节作用。

其他的关于社会传染的研究则较为分散。Holden(1986)发现恐怖分子的劫机行为具有传染性;Angst *et al.*(2010)以医院大型设备的采购为例,研究了医院的哪些特征更可能使它成为影响者和易感群体;Du and Kamakura(2011)以消费者大众消费品为样本,研究了社会传染的时间和空间限制作用;Nitzan and Libai(2011)则使用来自通讯行业的数据,发现如果用户周围的消费者不使用该网络的服务,那他留在这个网络内的可能性会很低;Risselada *et al.*(2014)也使用了来自手机通讯行业的数据,验证了社会传染的动态效用;Ma *et al.*(2014)讨论了社会传染和同质性的问题,发现它们共同影响消费者的行为,如果丢掉任一方面都有可能造成估计结果的偏差。Pacheco(2012)则把社会传染的研究拓展到了政治领域,发现公民的投票习惯更容易受到邻居的影响;而 Reppenhagen(2010)研究了社会传染对于企业采用会计方法的积极作用;Kacperczyk(2013)把社会传染的研究拓展到组织层面,发现了大学校友的创业精神具有传染作用,那些创业氛围比较浓郁的学校毕业的学生更有可能成为企业家。

从上面的分析,我们不难总结出以下观点。第一,基于社会网络建模的社会传染现象非常普遍。在本书中,我们主要采用一种来自社区虚拟世界的数据,即大型多玩家角色扮演游戏社区的数据。以往的研究,如 Bainbridge(2007)和 Eastwick and Gardner(2009)都已经指出,虚拟世界类似于现实世界,是一种研究社会网络的很好样本。第二,以往的研究样本多采用一种产品(Bass,1969;Iyengar et al.,2015;Van den Bulte and Iyengar,2011)或是一类产品(Du and Kamakura,2011;Aral and Walker,2012;Aral and Walker,2014),并未区分产品的差异,但实际上产品之间的差别非常多,如不同类别的差异,享乐型 VS 实用型产品(Hirschman and Holbrook 1982b;Okada 2005),企业推出的同一款产品之间也可能有一些比较小的差别,再或者是企业推出的升级产品等(Okada,2006)等。本书将重点探究社会传染在以上三种情景下的影响。

四、关于社会传染的研究

正如上一小节所总结的那样,社会传染的研究已经渗透到很多领域,具体可以分为以下几个方面(见表3-1)。

第一,社会传染确实对于新产品的扩散能够起到作用。尽管关于社会传染的研究有很多,如 Bass 模型的开发(Bass,1969),但是关于这方面的质疑依然存在,Van den Bulte and Lilien(2001)的研究发现消费者的传染作用对于四环素的扩散不起作用,主要是因为大众媒体的影响。但是他们的后续研究(Van den Bulte and Lilien,2001)在考虑不同阶段的时间效用后,用两阶段模型修正了他们的研究结果。后续的很多研究,如 Iyengar et al.(2011)、Manchanda et al.(2008)、Van den Bulte and Lilien(2001b)以及 Du and Kamakura(2011)都在消费者受到的大众媒体的广告效用基础上,验证了社会传染的存在,这也就证实了社会传染存在的真实性。

第二,哪些因素会调节到社会传染对于被影响者的作用,即从网络理论出发,识别出在网络环境下,哪些个人(Iyengar et al.,2011)、群体(Wang et al.,2013)或网络结构(Goldenberg et al.,2009)能够产生更大

表 3-1 以往关于社会传染的文献总结

作者	方法	研究背景	影响者的特征	被影响者的特征	产品类型	研究发现
Burt (1987)	回归	医药行业	无	个人偏好	四环素（实用型产品）	社会传染的效应存在于消费者的产品扩散过程中，但是它在消费者个人表现出偏好的情况下才会更加明显。
Van den Bulte and Lilien (2001a)	比例风险模型	医药行业	无	无	四环素（实用型产品）	社会传染会起到一定的作用，但是在控制医生所接受到的大众媒体的广告影响时，社会传染效应就会消失。
Van den Bulte and Lilien (2001a)	比例风险模型	医药行业	无	无	四环素（实用型产品）	重新分析了在大众媒体的情况下，社会传染是否依然能够起到作用。研究的结果表明：在早期，大众媒体对消费者的认知有很强的作用，但是到了后期主要发生作用的是消费者之间的社会传染。
Van den Bulte and Joshi (2007)	风险模型	医药行业和音像品	无	无	四环素和CD（实用型产品）	把产品扩散过程中的消费者分为两个部分：影响者和模仿者，并且发现社会传染对于模仿者的影响更大。
Manchanda et al. (2008)	分层逻辑回归	医药行业	无	无	一种慢性新药（实用型产品）	重新整理了社会传染和大众媒体的影响，发现大众媒体和社会传染都能够起到作用，并且在第4个月之后社会传染能够起到主导作用，在第17月之后会达到90%。
Angst et al. (2010)	风险模型	医院采用新系统	医院年龄、规模、地位等	医院年龄、规模、地位等	医院健康护理系统（实用型产品）	采用者的个人特征和被采用者都能够影响最终的扩散传染效果。例如，老的、大的医院对于健康护理系统的易感性比新的、小的医院感性强；同时，那些比较有名的、大的、年轻的医院的采用行为更有传播效力。

（续表）

作者	方法	研究背景	影响者的特征	被影响者的特征	产品类型	研究发现
Aral and Walker (2011)	风险模型	社会网络网站：Facebook	无	无	信息（未区分享乐型和实用型产品）	区分了两种不同类型的信息特征，一种是自发传播的信息，另一种是主动传播的信息。本研究结果发现：自发传播的信息仅能增强98%的社会传染效果；而主动传播的信息能够产生246%的社会传染效应。
Du and Kamakura (2011)	离散比例风险模型	消费者包裹产品	无	无	消费者包裹产品（实用型产品）	作者发现社会传染存在着时间、空间的效应，即社会传染的效应只能存在于特定的距离以及特定的时间段内。
Iyengar et al. (2011)	风险模型	医药行业医生采用新药	意见领袖（关系合）	意见领袖的个人网络特征	一种新药（实用型产品）	即使是在控制企业的广告效用之后，社会传染依然能够存在，并且那些意见领袖能够产生更多的影响力。
Aral and Walker (2012)	风险模型	社会网络网站：Facebook	年龄、性别、个人网络特征	年龄、性别、个人网络特征	App采用（未区分享乐型和实用型产品）	年轻的用户更有易感性，男性的采用有传染力，女性对男性的影响力比对女性的影响力更大，并且已婚人群是最不容易被影响的一部分消费者。
Wang et al. (2013)	面板回归	知识管理系统	四种类型的影响者	无	知识管理系统	区分了四种来源的影响者：上级、同伴、下级、专家，通过实证分析发现同伴和下级的影响更有影响力。
Kacperczyk (2013)	逻辑回归	高校毕业生趋向	数量、性别、距离相近性	无	学生成为企业家	发现如果社交内部的以往友中数量比较多，或是性别较相似，或是距离较近，那么他们的影响力会更大。
Risselada et al. (2014)	碎片型风险模型	手机行业	无	无	智能手机的采用	社会传染能够在智能手机的扩散中发挥作用，并且社会传染是动态影响，即采用的时间越近的消费者其影响力越大。

(续表)

作者	方法	研究背景	影响者的特征	被影响者的特征	产品类型	研究发现
Aral and Walker (2014)	Cox比例风险模型	社会网络网站：Facebook	无	无	信息（未区分享乐型和实用型产品）	研究结果发现，嵌入度、人性和关系的强度都能增强消费者采用的影响力，并且还发现关系的强度和嵌入性的相似性能够预测消费者的采用。
Hu and Van den Bulte (2014)	风险模型	生命科学中的信息工程	无	社会地位（出度中心度）	商用监测系统（实用型产品）	消费者的个人易感性并不是线性的，中间社会阶层的消费者更有可能被社会传染影响。
Iyengar et al. (2015)	控制功能性风险模型	医药行业医生采用新药	信任的同伴	社会地位（入度中心度）	一种新药（实用型产品）	社会传染不仅仅在初次采用阶段发挥作用，在重购阶段也会发生作用。在试用阶段的社会传染更易有传染力，那些对自身不是很自信的消费者也更易被感染；在重购阶段，社会内的同伴更有影响，中间社会阶层的消费者更可能被感染。

的影响力,哪些关系会产生更大的影响力(Aral and Walker,2014),哪些个人(Hu and Van den Bulte,2014)、组织、群体(Kacperczyk,2013)或网络结构(Harrigan et al.,2012)会更容易成为被影响者。因此,我们主要从以下几个方面来总结以往的文献。

以往的文献从影响者的角度来探讨哪些特征、类型的影响者可能产生更大的影响力。例如,影响者的个人特征,如意见领袖,Iyengar et al.(2011)发现意见领袖有更大的影响力;性别,Aral and Walker(2012)发现女性比男性有更大的影响力,这样企业就可以通过鉴定消费者或组织个体特征的方式找到更强的影响者。也有一些学者试图从影响者所在的群体出发,探寻来自不同群体的影响者是否会产生不同的影响力,如 Wang et al.(2013)总结了社会传染的四个来源:上级、同伴、下级和专家,但是他们的实证研究只证明同事和部属对最终的采用有影响;Risselada et al.(2014)发现与消费者近期接触能够产生比较大的影响力,而较远时间接触者产生的影响力则有限。还有一些研究从影响者所在的网络结构出发,Goldenberg et al.(2009)发现中心人物(hubs,自身连接比较高的消费者)能够促进新产品的扩散。当然关于影响者的研究还有一些其他的声音,比如 Watts and Dodds(2007)发现意见领袖并不像我们认为的那样重要,他们对于被影响者的影响力没有我们想象的那么大,被影响者更可能被大众媒体所影响。

还有一些文献从被影响者的角度来探讨什么样类型的消费者会更容易接受影响者的影响。类似于从影响者的角度,有的学者研究被影响者的个人特征,Hu and Van den Bulte(2014)和 Iyengar et al.(2015)发现那些社会地位处于中间的医生更容易成为被影响者,Aral and Walker(2012)发现没有结婚的人群更容易受到影响,Angst et al.(2010)发现相比于时间较短的、小规模的医院,时间较长的、大规模的医院更容易成为被影响者。另外一些因素如个人所在的组织,如所在的大学有很多毕业生成为企业家,那么该校学生成为企业家的可能性也会更大(Kacperczyk,2013)。关于被影响者,以往的研究也关注了其他方面的内容,如在存在其他消费者的情况下进入新市场的时机,Joshi et al.(2009)认为,对于一个经理来说,进入新市场要考虑是否有原先产品的对抗,市场是否有产品进入的杠杆作用,企业是否会给经理足够的时间等。

还有学者从影响者和被影响者之间的关系来研究社会传染,如影响者与被影响者之间的距离、影响的时间等。Du and Kamakura(2011)发现影响者对于被影响者的作用只能持续在一定的时间和空间内,如果超过这个范围,社会传染作用就会消失。Angst et al.(2010)发现距离采用医院比较近的其他医院也容易成为采用者。Aral and Walker(2014)则从影响者与被影响者之间关系的强弱、相互之间的同质性等阐述影响力,他发现如果影响者与被影响者之间有更强的关系、更高的同质性,影响力就会增强。

此外,还有学者从消费者采用的不同阶段来探究社会传染的作用。目前大部分的研究主要集中在消费者的初次采用,如 Iyengar et al.(2011)和 Manchanda et al.(2008),以及不区分初次和重复采用,如 Bass(1969)和 Libai et al.(2009),但是 Iyengar et al.(2015)也验证了在重复购买的情境下,社会传染能够对消费者的采用起到促进作用。

五、社会传染的测量

社会传染主要是指已经采用的消费者能够对未采用的消费者产生一定比例的影响作用(Du and Kamakura,2011;Young,2009),因此,测量用户周围已经采用的消费者数据就是构建社会传染的方法。现阶段主要有两种测量方式,一种是基于用户之间的物理接近程度(Angst et al.,2010;Burt,1987;Du and Kamakura,2011);另一种则是基于潜在消费者的个人网络,以用户为网络的中心,测量他周围与他交互的总计有多少个已采用者(Aral and Walker,2014;Iyengar et al.,2011;Risselada et al.,2014)。由于在网络环境下我们无法区分消费者的地理距离,在以往的研究中,我们以虚拟世界中用户的相互交互作为构建网络的基础,探究社会传染在不同情境下的作用。

同现实社会一样,来自虚拟社区中的其他消费者的行为也会影响消费者对于虚拟产品的采用,如 Lehdonvirta(2009)指出虚拟世界是仿照现实社会构建的,是现实社会的虚拟投影;Bainbridge(2007)也发现虚拟世界可以作为现实世界的一个重要参考依据,很多现实世界的问题都可以在虚拟世界中得到研究;Bainbridge(2012)论述了现实社会中的很多社交行为,如用户之间相互的交流、交易、合作、学习、社会认同,甚至宗教(在某种程度上)都存在于虚拟世界中;Eastwick and Gardner(2009)也发现虚拟社区中的消费者不仅会受到自身的影响,如自我认知,也会受到整个群体中其他消费者的影响,如群体的规范等;Guo and Barnes(2011)和Mäntymäki and Salo(2013)等的研究都验证了以上的论断。这也是本书之所以选用研究虚拟产品中社会传染的理论基础所在。但是以上所列举的文章中测量其他消费者时多采用问卷调查的方式,并不符合社会传染的研究范式,因为这种方法虽然能够有效地帮助企业理解消费者的行为,但是对于企业精确地制定社会传染策略则有所欠缺。因此,我们借鉴以往关于社会网络下测量社会传染的方式(Aral and Walker,2014;Iyengar et al.,2011;Risselada et al.,2014),基于潜在消费者的个人网络,以用户为网络的中心,测量他周围与他交互的总计有多少个已采用者,作为我们研究社会传染的测量标准。

第三节 社 会 地 位

社会地位是个人在社会群体中等级位置的反映,是一种次序的表现,反映了个人在群体其他个体的期望,因此也就决定了个人在群体中的机会,同时会限制个人在群体中的机遇(Podolny,2010)。社会地位是一种与群体内其他人比较后的结果(Goode et al.,2014),可以被认为是一种社会的尊重(Turner,1988)。很多时候社会地位都能被认为是社会声望,很多作者都认为这两者是相同的(Gardner and Moore,1950;Goode,2004;Hagstrom,1965;Leahey,2004)。Jackson(1968)尽管也持有类似的观点,但他更愿意把社会地位归为一种他人对个体的遵从的位置,并强调社会地位并不是一种人们对于其他个体尊重的社会关系,而更多地是一种遵从的行为。Podolny and Lynn(2009)采用类似的定义,把地位定义为接收方不断累积的遵从的行为。简短地说,社会地位可以包含三个方面的要素:它是一种位置,是建立在群体中其他个体的评价和承认基础上。

一、社会地位和其他概念的区别

接着我们区分那些和社会地位经常一起使用的概念,如权力(Berger and Zelditch Jr., 1998;Goldhamer and Shils, 1939)、阶层(Bendix and Lipset, 1966)、名誉(Griskevicius et al., 2010)和能力(Lovaglia et al., 1998)。另外,我们也注意到,网络中用户的中心度可以被作为测量单位,因为网络中的关系总数代表了网络中个体之间的相互尊重程度(Hu and Van den Bulte, 2014)。社会地位,尽管和权力关联性很强,但确实是完全不同的概念。社会地位是权力的一种,而权力也可以作为社会地位的一种来源。总体来说,这两者有着不同的诱因,也会导致不同的结果(Berger et al., 1972)。社会地位和阶层也有一定的相关性,但也有着象征的不同,尽管两者都涉及社会分层,但是阶层更多强调经济财富,而社会地位则更重视群体内的自尊和尊重(Turner, 1988)。同样地,社会地位和名誉也是既相关联也相区别的(Podolny, 2010)。首先,排序的概念对于社会地位很重要,对于名誉则不是,因此,一般来说,社会地位更多强调的是垂直的概念,而名誉则更强调水平的概念。其次,个人或是产品的名誉一般来自以往的业绩表现,但是地位不仅来自感知到的能力和业绩,而且来自一些人归属方面的特征,如性别、种族或是其他的组织成员身份(Gould, 2002;Rossman et al., 2010)。社会地位和能力也有着显著的区别(Cohen and Zhou, 1991;Sauder et al., 2012):第一,社会地位是建立在别人赋予的尊重基础上,而能力则是来自内在;第二,社会地位更多地关注对他人行为的遵从,而能力则不是;第三,地位强调别人的尊重,是最终的体现,而能力只是达到最终体现的条件之一,其他的条件还包括专业知识、运气、不屈不挠的精神、资源等。最后,我们考虑社会地位和用户中心度的关联,社会地位是建立社区内部其他人的尊重,比如参与一些公开的评估等,而中心度则强调用户在社区中的重要程度(正如我们前一节中所综述的那样)。尽管度中心度常被用来作为社会地位的测量指标(Sauder et al., 2012),但是这也是有应用范围的,其范围就在于社区内的关系表达的是一种相互之间的尊重,如果代表的仅仅是纯粹的交易或是买卖关系,双方之间就没有基本的信任,如果反映的仅仅是能力、诚信或是善心,这样的关系网络真实地反应社会地位。在一些科学家以及银行投资家之间合作的网络(Podolny, 2010),或者是医生之间相互寻求意见或是推荐的网络之中,确实代表着信任地位(Iyengar et al., 2011;Menchik and Meltzer, 2010)。

社会地位的获得主要可以分为两类(Wikipedia, 2015):一种是与生俱来的归属地位(ascribed statuses),如性别、从家庭所继承的社会地位等;另一种则是通过个人努力而获得的社会地位,称为获致地位(achieved statuses)。在很多社会和群体内,社会地位并不是一成不变的,而是存在着一定的流动性,一般被称为社会流动性(Grusky and Hauser, 1984),最典型的例子就是著名的"美国梦"。一般来说,在现实社会中,社会地位的获得可以通过多种方式来表现,如最常用的是财富和收入,此外还包括性别、政治地位、宗教、种族、社会阶层等。关于社会地位在现实社会的测量,Anderson et al. (2001)发现在现实社会中,社会地位的测量主要包含三个方面:第一,非对称型的关注,就是说高社会地位的消费者比低社会地位的消费者能够吸引到更多的注意;第二,受到的差别的尊重,是指那些高社会地位的消费者能够受到更多的尊重;第三,在群体内拥有更多的影响力,也就是说高社会地位的消费者拥有对群体内部的决策更多的控制力。

二、中间阶层焦虑和中间社会阶层确认

社会地位的焦虑是指群体中的个体对于其他个体如何看待自己,并

在未来该怎么做(Gardner and Moore,1950;Homans,1988),这种不确定性会引发一种焦虑心理。这种焦虑在社会地位方面比较重要,并且是模糊的、不稳定的,在不断动荡中的环境中会变得尤为重要(Gould,2003)。社会学家指出,中间社会阶层有着最强的阶层焦虑性(De Botton,2008;Newman,1988)。以往的文献指出这种现象的发生可能有三种原因。第一,中间社会阶层经历着失去已有社会地位的可能性以及获得更高地位的可能性,毕竟,对于低社会阶层的消费者,他们无需担心可能会失去更多的地位,因为他们本身的社会地位已经比较低,接着失去的话并不会带给他们太多改变,而且即使获得更高的社会地位,对他们的提升也不会太大;对于社会阶层比较高的消费者,提升社会地位对于他们的边际效用很低,而降低社会地位也不会给他们带来太多的损失。第二,自身所在社会阶层的不确定性,对于中间社会阶层来说,评估自身所处的社会地位对他们来说并不是一件容易的事情,因为在整个社会中,有很多人和他们有着相似的社会地位(一般来说,中间社会阶层的消费者是整个社会中最大的群体),社会地位的些许提升能让他们超过很多人,同样地,如果其他人的社会地位有了变化,也可能使得他们的社会地位落后很多,这也使得他们的社会地位处在比较大的变动中,使得他们评估自身的社会地位并不是那么容易与直接。对于高社会阶层或是低社会阶层的人群,他们则不存在这种问题,因为他们的社会地位比较明确,比较难以被超越或是能够追上。第三,目标的倾斜性,一个人离目标越近,他就会越努力(Harvey and Consalvi,1960;Kivetz et al.,2006),如果群体以高社会地位作为努力的方向,那么他们就会有着很强的动力去维持或是改善自身的社会地位;相反,对于高社会阶层的消费者,因为他们已经处于很好的位置,他们也就不会有太强的动力去努力;对于社会阶层比较低的消费者,由于他们距离目标的差距过大,现实的差距有可能打消他们努力的可能性,也会造成他们努力的盲目性,使得他们的焦虑感降低,对地位的确认性降低。综合以上三个观点,我们可以确认,中间社会阶层的消费者有着更强的焦虑性去维持或是改善他们的社会地位,因此他们对于许多能够代表社会地位的行为有着更强的遵从性或是确认性(De Botton,2008;Phillips and Zuckerman,2001)。

中间社会阶层的焦虑可以帮助我们了解为什么中间社会阶层的消费者比其他阶层的消费者有着更强的意愿去关注自身的社会阶层,更希望通过消费来展示自己的社会阶层(De Botton,2008;Marwick,2013)。实际上,中间社会阶层消费者的焦虑性得到了很好的研究,很多学者的结果都支持倒 U 形的论断(De Botton,2008;Podolny,2010;Turner,1988)。尽管 Phillips and Zuckerman(2001)的研究发现这并不是一种倒 U 形的作用,相反是一种正 U 形的作用,但是他们的发现也证实,中间社会阶层的消费者与高、低阶层的消费者有所不同,并且他们的研究发现消费者采用的创新会降低他们的地位,这才造成了它们的正 U 形的影响作用。

三、中间社会阶层确认和消费者采用的易感性、排斥性

中间社会阶层的确认性假设是社会学和社会心理学中一个非常有用的研究视角,它的逻辑是中间社会阶层的消费者有着更强的意愿去跟随群体中其他消费者的意见(Dittes and Kelley,1956;Harvey and Consalvi,1960;Phillips and Zuckerman,2001)。地位代表着群体中的其他个体的感知以及他们的期望(Hollander,1958)。对于中间社会阶层的消费者来说,他们正经历提高现有地位的可能以及失去现有地位的威胁,相对比较模糊的自身定位以及更有可能的目标接近性,使得他们更有意愿或是可能性去采用那些表达身份的消费或是创新。相反,对于低社会阶层的消费者来说,那些可能增强他们社会地位的消费给他们带来的社会地位增强有限,这是因为他们的社会地位过低,尽管这些消费有助于增强他们的社会地位,但是这种增强没有对于中间社会阶层的消费者有那么大的效应,而对于中间社会阶层的消费者来说,一旦采用,他们的社会地位就相对会有比较大的变化,就有可能超过更多的消费者从而占据一个比较好的社会地位。

因此，在消费者所接触到的新产品中，中间社会阶层应该对那些社会地位提升有帮助的产品有更强的敏感性，如果那些新产品，或是创新能够有效提升他们自身的社会地位，那么相于高或低社会阶层的消费者而言，中间社会阶层对于这些产品的采用意愿就更高一些，即这些产品的采用意愿随着社会地位的增长呈现出倒 U 形曲线，因为他们对于自身地位的提高有着更为迫切的需求，这被以往的很多研究，如 Podolny（2010）和 Sauder *et al*.（2012）等所证实。相反地，如果有些产品或是创新有害于或是不太利于他们自身社会地位的表达，那么与社会阶层比较高或是低社会阶层的消费者相比，他们采用的可能性相对就会低一些，呈现正 U 形的作用（Phillips and Zuckerman，2001），因为这些选择不利于他们社会地位的表达，他们相对于高、低社会阶层的消费者有着更高的社会地位确认意愿，也就更不容易去说服自己的采用。

四、社会地位与虚拟世界社区

在虚拟世界中，消费者通过相互之间的沟通、定居、进行经济交易等构成一个完整的独立社会（Bainbridge，2007；Guo and Barnes，2011），因此"社会"之中的比较、排名就在所难免，相互之间的社会地位就会存在（Guo and Barnes，2012），因此，大多数社会中存在的行为，如中间社会阶层的焦虑性和确认倾向在虚拟社会中也会存在，并且虚拟世界是仿照现实社会构建的，是现实社会的虚拟投影（Lehdonvirta，2009），对于虚拟产品的消费，以往的研究，如 Lehdonvirta，Wilska and Johnson（2009）和 Zwick and Dholakia（2006），也发现消费者在虚拟世界中消费虚拟产品与他们在现实世界中消费真实产品比较类似，具体地说就是也会存在建立社会地位，确认与群体之间的关系，建立并表达个人认同等。以往的研究也已经指出，虚拟产品的消费者能够对消费者的社会地位产生影响，如 Guo and Barnes（2012）用《魔兽世界》的样本案例探究了社会地位对于消费者的购买意愿及购买行为都有着正向的作用；Koles and Nagy（2012）也发现购买虚拟产品有利于消费者建立或提升社会地位，即在虚拟世界中的消费能够成为提升社会地位的有效方式。因此，可以说在虚拟世界中，消费者也有着和现实社会类似的、关于提升自身社会地位的需求，结合上一节中关于中间社会阶层的论述，我们可以做出合理的推断：在虚拟社会中，如果虚拟产品的消费能够有效提升用户的社会地位，那么中间社会阶层的消费者就更有可能采用；反之，则更不容易采用。

如前所述(Anderson et al., 2001)，关于社会地位的测量在现实世界中非常复杂，但是在虚拟世界中，关于社会地位的测量能够得到有效的简化(Goode et al., 2014)。因为在虚拟世界中，虚拟社会的社会地位很难由"家庭"或特定的"组织"获得，消费者的社会地位都是通过自己的努力而获得，相互之间的尊重主要来自能够对其他用户的帮助，以及能够提供的信息等，因此，Goode et al. (2014)用虚拟社区中消费者的社会连接（朋友的数目）以及社会交互（接收或是发送的信息）作为测度社会地位的标准。在本书中，我们采用他们的测量方式作为我们测量社会地位的标准。

第四节　实用型产品 VS 享乐型产品

关于产品分类的研究有着很久的历史，毕竟对于消费者来说，他们买产品并不仅仅是为了它们能够被用作什么，也因为它们象征着什么(Gardner and Levy, 1955; Levy, 1959)。沿着这一逻辑，Hirschman and Holbrook(1982b)提出了实用型消费和享乐型消费的概念，并进一步总结出了实用型消费和享乐型消费的特点。在他们的总结中，享乐型消费是指消费者对于产品具有多感官的、幻想性的、情感性的消费行为，而实用型消费是指消费者为了满足特定的消费和需求才进行的消费。之后的研究在 Hirschman and Holbrook(1982b)的基础上，界定了享乐型产品和实用型产品的特点。具体地说，消费者购买实用型产品是为了满足功能或是任务型的消费，因此，实用型产品更多地是认知驱动和功能性的(Okada, 2005; Strahilevitz and Myers, 1998)；而消费者购买享乐型产品则不仅只为了满足自身的内在需求，而且还包含情感性的体验，如幻想、感官享受和乐趣等。因此,享乐型产品更强调满足用户的情感性需求(Botti and McGill,2011;Raghunathan and Corfman,2006)。

一、实用型产品与享乐型产品的区别

Hirschman and Holbrook(1982)分析了享乐型消费者和实用型消费者的不同,指出为什么要区分实用型产品和享乐型产品。在不否定享乐型产品具有实用效应的基础上,他们认为的享乐型消费与实用型消费的区别体现在以下四个方面:心理建构、产品定位、产品使用和个人差异。具体地说,在心理建构层面,第一,感性层面的情感会成为消费者选择该产品的主导性因素(Maslow,2013);第二,消费者会向产品注入一种主观的意义来补充其实际功能(Hirschman,1980a;Hirschman,1980b);第三,享乐型消费还能促进消费者关于产品的联想(Singer,1966);第四,一些文献指出消费者寻求感官情感的刺激和信息方面的刺激是两个不同的层面(Hirschman,1982)。在产品定位方面,第一,享乐型产品更多地涉及用户情感,而实用型产品则涉及用户(Botti and McGill,2011);第二,享乐型产品的消费会涉及很多消费者的情感方面的行为(Ornstein,1972);第三,消费者消费享乐型产品更多地是为了产品的符号价值而不是实际价值(Raghunathan and Irwin,2001)。在产品使用方面,第一,享乐型产品的消费会激发用户在一段时间内的情感(Osborne and Farley,1970);第二,消费者对于产品的消费习惯会因个人的差异而会造成不同(Zuckerman,1979)。在个人差异方面,第一,消费者会因为各个方面的差异又有所差别(Hirschman,1981),如文化、性别、种族等;第二,即使在同一种族内,不同的亚文化也会有不同的差异(Hirschman,1982);第三,不同的群体之间也有很多的不同(Hirschman and Holbrook,1982;Rook,1985),比如一些产品会被某些群体贴上享乐型消费的标签,而在另一些群体看来是稀松平常的事情。基于此,产品之间确实是有很大的不同,而这也是我们在社会传染的框架下研究不同产品类型的主要原因。

二、实用型产品与享乐型产品的研究视角

关于享乐型产品和实用型产品的研究在以往的文献有很多,主要可以从以下三个方面来区分。

第一,从消费者对于不同类型的产品的反应来研究。对于实用型产品,消费者着重强调关注产品的功能性,而对于享乐型产品,消费者更关注是否能够获得更多的体验。因此,基于这两种不同的逻辑,以往的研究提出了各种不同的关注点。如 Dhar and Wertenbroch(2000)发现消费者对于实用型产品和享乐型产品的决策范式并不相同:在面对要放弃的选择时,享乐型产品或带有享乐属性的产品更容易被放弃,如需要放弃某一产品中的使用属性和享乐属性时,消费者更会选择放弃享乐属性;在面对获得的选择时,消费者更容易考虑实用方面的属性,如让消费者选择一个带有实用属性(如离超市比较近)和带有享乐属性的(如有很好的景观)产品时,消费者会更多地选择实用属性。O'Curry and Strahilevitz(2001)也有类似的结论,他们发现消费者越有可能获得某一产品时,他们在一连串的选择中越可能选择实用型产品,反之则会选择享乐型产品;同时,他们还发现实用型产品更多地出现在消费者的购买决策中,而享乐型产品则更多地出现在奖品中。Okada(2005)发现,在面对享乐型产品(相对于实用型产品)的决策时,消费者愿意花费更多的时间;而在面对实用型产品(相对于享乐型产品)的决策时,消费者愿意花费更多的金钱。Raghunathan and Corfman(2006)则发现享乐型产品的体验会受到其他消费者的影响,如果其他消费者的体验和自己的体验一致则会增强自己的享乐体验,反之则会降低享乐体验。Schulze et al.(2014)探究了在 Facebook 中设计实用型产品应该使用什么病毒营销机制,他们发现随着产品功能属性的提高,使用病毒营销时应该减少用户不感兴趣的信息或有刺激性质的信息,相反应该加强朋友的直接推荐信息或陌生人的大众广播方面的信息。Chitturi et al.(2008)发现,额外的实用属性会提升消费者对于产品的满意程度,但额外的享乐属性会给消费者带来更多的愉悦感。

第二，从消费者对于同一产品不同属性的认定来研究。任何产品都有享乐属性和实用属性，由于消费者对于不同产品的认知不同，很多时候，享乐型产品和实用型产品在消费者的认知中并不是固定不变的（Crowley et al.，1992），如网络游戏中，用户花费金钱所购买的产品道具可以被认定是享乐型的（Jung and Pawlowski，2014a），因为他们并不是为了满足用户的某种特定需求，而是带有很强的娱乐性、情感性的体验（Animesh et al.，2011）；但是对于不同的玩家来说，网络游戏中的很多道具又可以分为享乐型和实用型（Park and Lee，2011；Schulze et al.，2014），因为有的游戏道具可以用来增强用户的攻击属性，如剑、刀以及一些增加剑、刀攻击力的道具；还有一些产品，如披风、烟花等，只是为了增强玩家的视觉及感官效果，有很强的娱乐及情感体验。Botti and McGill（2011）同样也发现消费者对于同一件产品有着不同的认定，并发现当消费者把产品认为是享乐型产品时，他获得的满意体验会更多。

第三，从购买产品的可辩解性来研究。对于消费者来说，消费产品时或多或少都会产生一定的问题，即消费者需要对自己的消费者行为进行辩护，找到合适的消费者理由（Okada，2005）。相比较来说，实用型产品的消费是为了达到一定的使用目的，而且它们的收益比较容易测度；相反，享乐型产品主要是为了愉悦自己，并不能把具体的效用量化（Chitturi et al.，2008），如果其他消费者与自己的观点不一致，还会降低消费产品的愉悦感（Raghunathan and Corfman，2006）。因此，相比较而言，享乐型产品更难以辩解，消费者更容易因为自己的享乐行为产生负罪感（Okada，2005；Chitturi et al.，2008）。

三、产品类型和虚拟世界

尽管虚拟世界中的所有商品都只存在于虚拟世界中，并不能够被用于现实世界（Bainbridge，2007；Guo and Barnes，2011），但是在虚拟世界中，虚拟产品却能够完成不同的任务。有些产品，如《魔兽世界》中的刀、剑，《第二人生》中的土地，只能够满足消费者特定的需求；但是另外一些产品,如烟花、披风等,能够让消费者在虚拟世界中感受到更多的愉悦。很显然,消费者对这两种类型产品的感知会有很大的差异。基于此,Lehdonvirta et al.(2009)借鉴以往社会学中关于产品的分类,鉴定出虚拟产品的三种属性:功能属性或是使用属性,即虚拟产品的工具属性,能够完成一定的任务;享乐属性,即虚拟产品能够给消费者带来审美价值;社会价值,即产品能够改善其他消费者对目标消费者的看法,如使得目标消费者看上去更时尚,或更有品味。由于产品的社会价值涉及其他消费者的评价,不同的消费者会有很大的偏差,为了找到一个对产品的更有效的区分,我们借鉴以往社会学中关于产品属性的分析,并且根据以往研究[Lehdonvirta et al.(2009)和Zwick and Dholakia(2006)]的发现——消费在虚拟世界中消费虚拟产品与他们在现实世界中消费真实产品比较类似,把虚拟产品分为享乐型产品和实用型产品。

对于不同产品类型的界定,我们首先在预实验中,借鉴以往研究的方法。Crowley et al.(1992)开发了最早的量表,他发现享乐型产品的测量可以用四个词来表现:好的/坏的,高兴的/忧伤的,讨人欢心的/不讨人欢心的,令人愉悦的/不令人愉悦的;实用型产品的测量也可以包含四个方面:有用的/有害的,有用的/无用的,明智的/愚蠢的,有价值的/无价值的。之后的很多研究,如Botti and McGill(2011)和Voss et al.(2003)都沿用这一测量,Arnold and Reynolds(2003)开发了测量消费者购物的享乐型动机,包括冒险购物、满意购物、角色购物、价值购物、社会购物和理想购物。

综上所述,我们可以发现:第一,在以往的研究中,不同产品的情景下社会传染对于新产品采用产生不同的影响[①],因此,本书主要关注社会传染对于不同类型产品的不同影响路径;第二,关于产品的测量,尽管已有文献也证明产品的属性会随着消费者的不同而有不同的评价(Crowley

---

① Raghunathan and Corfman(2006)的研究尽管探究了社会影响对于享乐型产品的影响,但是他们主要关注消费者在消费产品之后的体验如何受到其他消费者的影响,并不关注于消费者是否会在其他消费者的影响下采用新产品。

et al.，1992)，但是正如以往文献所强调的那样，任何产品都有它比较侧重的一个方面(Dhar and Wertenbroch，2000)，因此，在本书中，仿照以往文献的研究，如 Dhar and Wertenbroch(2000)、O'Curry and Strahilevitz(2001)和 Okada(2005)，我们把享乐型产品界定为产品的享乐属性比实用属性更多的产品。

第五节 产品多样性

产品多样性不仅仅是指企业在一段时间内基于同一产品线或是产品类型所推出的不同式样、不同型号的产品组合(Patel and Jayaram 2014)。关于产品多样性的研究得到了许多学者的关注，但不同学者的侧重点不同。如 Fisher and Ittner(1999)和 Fisher *et al.*(1999)主张从两个维度来定位产品的多样性，即在某个特定的时间内，企业可以为消费者提供的产品的宽幅和该企业用新产品更替旧产品的速率。Martin and Ishii(2002)则从空间的多样性和世代的多样性角度来研究，空间多样性强调企业在一定时点上向市场提供的产品的多样性，而世代多样性则是指企业未来不同世代产品的多样性。Brynjolfsson *et al.*(2003)则把产品多样性定义为平台上(如亚马逊网站)可以提供的众多的、同一类别的产品(如图书)。Randall and Ulrich(2001)把产品的多样性定义为企业在同一时间点上向消费者提供的同一产品的不同版本。Patel and Jayaram(2014)则采用了类似于 Fisher and Ittner(1999)和 Fisher *et al.*(1999)的定义。从以上文献的定义不难看出，尽管产品多样性是一个备受关注的研究领域，但是以往的文献并没有达成一个非常一致的定义。在本书里，由于产品的多样性涉及多个方面，我们只研究其中一个很小的部分，所以我们采用 Randall and Ulrich(2001)把产品的多样性定义为企业在同一时间点上向消费者提供的同一产品的不同版本，即这些产品的大部分功能和样式都很相似，仅仅在某些比较小的方面会有一些差别，如同一系列的 iPhone 手机会有不同的颜色差别，同一款式的鞋子有着不同的颜色。

在具体的研究上，以往的学者也有很多关注。如 Fisher et al.(1999)以汽车的刹车系统为例探讨了产品多样性和部件共享的关系，他们通过数学建模的方法发现刹车盘的最佳数量受到车辆的重量、销售量、固定组件设计、模具成本、固定成本和产品多样性等因素的影响。Brynjolfsson et al.(2003)以网络上销售的书籍为例，发现不断增加的产品多样性能够有效地增强消费者的福利。Berger et al.(2007)从消费者感知的视角出发，发现那些为消费者提供产品多样性的品牌，能够使得消费者对它们的感知更为专业，在同类产品中更有竞争力，也就是意味着能够增强消费者的购买可能性。Patel and Jayaram(2014)发现尽管企业增加产品的多样性能够提升用户购买的可能性，但是增加多样性也会在很大程度上提升企业的成本，从而使得产品多样性对于业绩的提升呈现倒 U 形作用。

尽管现有的关于产品多样性的研究很多，但是我们不难发现，以往关于产品多样性的研究多集中在产品设计角度。如 Berger et al.(2007)发现增强产品多样性能够有效增强消费者对于企业产品的感知，提高消费者的购买意愿；Villas-Boas(2009)通过理论建模的方式评估了产品多样性和产品价格的关系，并依据企业产品的不同为企业提供了不同的产品多样性和产品价格的组合。以往的这些研究对于企业的高层，尤其是主管企业产品战略的管理者有着非常强的指导意义，但是，对于企业的中层来说，其重要程度相对有限，毕竟他们无法参与产品的决策过程。企业中层面临的主要任务是基于已有的多样性产品，为它们分别找到合适的营销方向。在虚拟世界中，关于产品差异的问题同样也存在。虚拟世界的平台方能够向消费者提供许多种类型的虚拟产品，如平台方可以向消费者提供不同类型的喇叭、不同类型的刀剑等（在我们的样本中，这些产品大部分都比较一致，仅仅在某些细节方面存在差异），因此，本书并不从虚拟产品设计的角度出发，考虑如何增强虚拟产品的多样性，而是基于已有的产品多样性，探究在虚拟场景下已采用者对于潜在消费者的传染效应，以及何种类型的消费者更可能采用新产品。

第六节 产品升级

产品升级是指消费者在已经购买企业的产品的情况下,把自己的产品升级到一个新的、增强的产品(Okada,2006)。在一般的情况下,产品升级不仅涉及企业如何设计升级产品和已有产品的差别,如相似 VS 不相似、全面升级 VS 单个属性升级(Okada,2006),还涉及升级产品与已有产品的价格差异(Danaher *et al.*,2001)、市场中关于产品的基数(网络效应)(Padmanabhan *et al.*,1997)、使用后的使用经验(Huh and Kim,2008)、消费者对于新增功能的评估(Bertini *et al.*,2009)等,这些因素都会影响消费者是否会采取升级行为。以往的关于升级的研究有很多,如 Huh and Kim(2008)认为消费者的第一次购买更多地是基于产品的信息,而之后的购买则多建立在第一次使用的经验上;Okada(2001)发现消费者升级主要受到两个方面因素的影响,一个是产品价格方面的影响,另一个则是在产品完全发挥它的作用之前消费者所要付出的、废弃产品的代价。但是他们的研究对象都是针对于消费者需要放弃已有的产品,但原有产品还是能够使用的情况。Okada(2006)指出,不同于初次购买者,升级消费者对于产品有一定的认知,如果让他们放弃已有的产品来购买升级产品,那么他们需要克服已有产品的沉没成本和心理成本,同时他还指出,当升级产品和原有产品差异比较大,或是新产品升级了一个新功能、专门提升了某一方面的特征时,那么就能够有效地提升消费者购买升级产品的可能性。Shih and Schau(2011)认为消费者之所以愿意升级是因为他们可预期的后悔会比较少,而感知到的产品的创新越多,消费者感知到的预期后悔就会越少,消费者升级的可能性也会越大。Zhu and Kraemer(2005)则认为影响消费者选择升级产品的一个因素是产品的使用体验。很显然,新产品上市以及消费者选购新产品包含很多组织和技术细节,并没有任何一个理论模型能够完全解决这个领域的相关问题(Padmanabhan *et al.*,1997)。

从以上的总结中我们可以看出,以往的关于产品升级的研究主要集中在消费者感知的产品设计的层面,即消费者感知到的产品属性(Bertini et al.,2009;Okada,2006),或是怎样设计价格战略才能够使得消费者更容易接受企业的升级产品(Yin et al.,2010),亦或是新产品相对于已有产品能够给消费者提供的新特性或是能够解决的新问题(Ziamou and Ratneshwar,2003),关于消费者受到的社会传染并没有得到很好的探究。而已有的研究证明,消费者的后续购买,如重复购买中,社会传染依然能够发挥作用(Iyengar et al.,2015),并且相较于重复购买,升级产品比原有产品有着更强的符号意义,升级购买需要面临更多的不确定性;不同于 Iyengar et al.(2015)的重复购买,我们是在消费者的已有产品仍然能够发挥作用的情况下探讨升级产品的作用。因此,探究社会影响是否在产品升级购买中存在显著作用有着重要的意义。另外,以往的研究多关注产品设计方面的研究,固然对于产品设计来说有着非常重要的意义,但是在产品设计之后,并没有给出什么样的消费者更有可能受到社会传染的影响,因此,本书的第二个问题即找出什么类型下的消费者更容易受到社会传染的影响。

第七节 其他影响变量

一、社会关系

社会关系是一个很宽泛的概念,在英语中不仅可以用"社会连接"(social tie)表示,而且可以使用"关系"(relationship、relations)来表示。尽管它们有些许的差别,例如 Wasserman(1994)把"关系"(relation)定义为所有连接(tie)的集合,但是在这里我们仅仅讨论一般意义的关系。因此,我们借鉴 Van den Bulte and Wuyts(2007)关于"关系"的定义,社会关系是在社会网络下形成的节点之间的联系。

正如前文所述,社会关系是一个宽泛的概念,它包含的类型有很多种:买卖双方的交易关系(Heide and Wathne,2006),分享信息的关系(Suh and Shin,2010),资源的转移关系,比如像支持、情感、建议等(Newman et al.,2011)社交网络中的朋友关系等,如在 Facebook 上的好友关系(Trusov et al.,2010),隶属关系,比如成为组织中的一员,或来自同一个城市(Ma et al.,2014),相互之间的交流关系(Chen et al.,2011),可接近性,比如两者之间的距离(Hegde and Tumlinson,2014)等。这些不同类型的连接都可以称之为关系。由于本书的研究重心是社会网络情境下的社会影响,因此,我们在这一节中着重总结以往社会网络下的社会关系研究,其他领域的研究只作参考和借鉴,并不作为我们研究的重点。

尽管在社会网络的研究中,关于关系的研究汗牛充栋,但是关于关系的属性,以往的文献并没有做一个很好的说明。在我们的文献总结中,我们首先对关系的维度进行总结,使得我们对于关系有一个比较全面的认识。

在以往的研究中,关系的强度(tie strength)成为研究最多的一个主题。这不仅是因为关系强度是关系所有属性中最直观的一个,而且也可能是因为 Granovetter(1973)非常有影响力的论文"The Strength of Weak Tie"。关系的强度是指关系所涉及的两方之间的强度和紧密程度,比如,两个人之间的交流的次数、朋友关系的深度、企业合作双方之间的货币价值等。即使是在关系强度这一维度上,以往的文献也在多个方面进行了细分。Granovetter(1973)区分了关于关系强度的四个维度:时间的集合,情感的强度,亲密度,关系双方的互惠性。Marsden and Campbell(1984)则从另一个方面强调了关系的另两个维度:持续时间和次数(关系的双方在这个关系上有多长时间),关系的深度(亲密程度和互相的信任程度)。Frenzen and Nakamoto(1993)发现了类似的分类方法,他们发现接触的强度现状区别于相互之间分享信息的意愿。Burt(1997)提出了两种很清晰的分类:相互之间的交流次数和情感的亲密度。在心理学家的研究中,他们对于关系强度的维度也进行了类似的划分:相互之间交流的次数和关系的效度(Wellman and Wortley,1990)。相互之间交流的次数和社会网络中的研究是一致的,而关系的效度是指关系的情感的、支持的、合作的特征,比较类似其他学者维度中的"亲密度"或是"深度"等。尽管关系的两维度划分能够有效反映关系的内在联系,也加强了我们对于关系强度的理解,但是在众多的社会网络中,特别是在网络背景下,我们无法有效得到关系的效度。因此,仿照以往的关于社会关系的研究(Steffes and Burgee,2009;Zeng and Wei,2013),我们用相互之间的交流次数来代表关系的强度。尽管大多数关于关系强度的分析都认为,强关系比弱关系能够产生更大的影响力(Brown and Reingen,1987;Yang and Mattila,2012),但是在很多情境下,弱关系有着更强的影响力(Granovetter,1973;Steffes and Burgee,2009)。

　　社会关系中另一个比较受关注的属性是关系的同质性(homophily)。同质性是指关系连接双方的相似性(Van den Bulte and Wuyts,2007)。社会学的学者发现,相似性比较高的消费者更能形成连接(Ma et al.,2014),相似性高的消费者也更容易激发消费者的推荐信息(Brown and Reingen,1987),从而导致产品的扩散(Rogers,2010)。就像是我们常说的那样,物以类聚,人以群分,拥有比较高相似性的消费者更能发生相同的行为。而相似性之所以导致相似的行为,一方面是因为消费者更容易信任那些与自身相似的人所分享的信息(Feick and Higie,1992),另一方面也是因为相似性比较高的消费者所获得的信息也比较类似(McPherson et al.,2001),因此发生相似行为(如采用相同产品)的可能性也比较高(Ma et al.,2014)。目前,同质性已经成为预测消费者行为的一个重要指标。Centola(2011)以健康设备为研究对象,发现用户同质性的增强确实能够提高用户采用的概率。Janghyuk et al.(2009)发现同质性高的消费者更能扩散同伴的信息,Ross Jr. and Robertson(2007)认为如果企业认为自己和其他企业有多重关系,它们会把这种关系看得更重,Nitzan and Libai(2011)用来自通信行业的数据发现,同质性高的消费者更容易受到影响,采取和他们的同伴相同的行为(离开网络通信商)。以往的研究也探讨了关系同质性和社会影响的共同作用。如 Aral et al.(2009)发现社会影响和同质性都会促进消费者采用,并且发现同质性可以解释超过50%的影响力。另外 Ma et al.(2014)也有着类似的发现,并且他认为,这两种因素是共同作用的,在考虑任何一方的作用时,都不能忽略另一方的影响。如果放在本书的背景下,我们在探究其他用户对于目标消费者的采用的影响,就不能忽略消费者与其他消费者由于同质性而产生的影响。

关系双方同质性是影响消费者行为的一个重要变量,但是,关于如何测量同质性,以往的研究却有不同的侧重点。McPherson et al.(2001)通过对以往文献的总结,认为同质性可以从性别、年龄、教育、职位、社会阶层、网络位置、行为、态度、能力等方面去测量,后续的研究也多根据数据的特点,提取某些变量来作为自己研究中同质性的测量。Aral et al.(2009)用消费者在网络中所处的位置的相似性作为测量依据,Fang et al.(2013)和 Nitzan and Libai(2011)则用个人统计特征,如性别、年龄、社会地位等作为测量依据,Hegde and Tumlinson(2014)用距离代表关系双方的相似性。另外,随着网络追踪技术的发展,如 SNS,Huang et al.(2013)拓展了同质性的策略范围,他们把同质性的测量分为两个方面:一方面是随时间不变的同质性,这一方面与以往的研究类似;另一方面是变化的同质性,如消费者用户周围邻居的数目。在我们的研究中,我们不把关系的同质性作为一个重要的研究方面,只把它作为一个控制变量。

社会关系另一个重要的属性是关系的时效性(temporal effect),即对于任一关系来说,关系的双方是在一定的时效之内能够互相发生影响作用(Strang and Tuma,1993)。Trusov et al.(2010)指出消费者在社交网络(如 Facebook)下,相互之间的影响会随着关系建立时间的延长有一定的衰退效应;而 Nitzan and Libai(2011)也指出其他消费者的退出效应会随着时间的延长而有衰减效应;同样地,Risselada et al.(2014)的研究也发现,那些离消费者采用时间越近的消费者所产生的影响也就越大;Strang and Tuma(1993)也指出,在新产品的扩散过程中,其他消费者的影响也有着时效的因素。这也就启示我们在度量消费者之间的关系时,消费者相互之间关系建立的时间长短对于消费者与其他消费者的影响力有着比较重要的影响,是研究其他消费者的影响时需要考虑的一部分。

社会关系中另一个比较受关注的属性是关系的多样性(multiplicity)。多样性是指关系双方之间拥有不同类型的交流方式(Carrington et al.,2005)。以企业之间关系的多样性为例,企业之间的关系除了常见的商品交易之外,还包含企业间的联盟(Bucklin and Sengupta,1993)、相互持有对方的股票、拥有共同的董事会成员(Hadlock et al.,2006)等。如果企业之间买卖的产品不只有一种,那他们也是在买卖这个维度上,并没有实际增加相互之间联系的种类,不能算作是多样的。同样的,在消费者层面,关系的多样性是指消费者之间发生了多种类型的关系,如交易关系、朋友关系等,如果仅仅是朋友关系的增强并不能代表他们之间关系多样性的增强。现有研究中关于关系多样性的研究多集中在组织层面。如Kenis and Knoke(2002)发现相比于关系双方的单一关系,多样性关系能够使得双方获得对方的更多信息。Kilduff and Tsai(2003)发现关系的双方能够共同关注兴趣领域,并且互相有着更大的承诺和互惠性。Burt(2009)发现多重的关系能够使得双方有更多的信息接口,使得双方有更多的机会接触到对方的私人信息,增强关系的稳定性。Palmatier(2008)发现相对于单一的关系,多种关系的建立使得其他企业更难以模仿,关系会更稳定。Tuli et al.(2010)发现,增强供应商和顾客之间的关系多样性能够有效增强销售业绩,并减少销售业绩的波动性。但是,总体来说,现阶段关于关系多样性的研究多集中在组织层面,针对于个人的研究很少。以往没有关于关系多样性在个人层面的研究,主要是因为数据难以获得,很少有传统的数据能准确计量出消费者之间的关系类型。而现阶段随着网络社区的发展,消费者的数据能够被完全记录,我们能够看到消费者在网络平台上的沟通交流数据,如Facebook(Trusov et al.,2010)、品牌社区(Thompson and Sinha,2008)、SNS(Ansari et al.,2011)等,使得我们能够从个人的层面来探讨关系的多样性。Gonzalez et al.(2014)发现关系的多样性(他用关系重叠来表示)能够提高销售人员的销售业绩。Beckman and Haunschild(2002)发现,关系多样性能够使得关系的双方更有分享信息的意向。

关系的另一个维度是指向性(directivity),即关系的双方是否有方向性,比如,我们假设关系的双方为用户 A 和 B,方向性是指建立关系的方向是从 A 到 B 还是从 B 到 A,或是 A 和 B 之间有多次互动。关系的指向性多代表信息流动的方向,以往的研究更多地把这种指向性定义为出度和入度(Iyengar et al.,2011;Stephen and Toubia,2010)。一般来说,关系的指向性会在一些方面发生作用,如意见领袖和权力感;但在另外一些方面,如信息的扩散等,则作用不是很大。以往的研究中对于指向性的区别并不是很多,更多是把它们做一些汇总,单独的研究不是很多。因此,在我们的研究中,不强调用户的出度和入度,一旦用户之间发生了交流关系,我们即认为他们之间建立了社会关系。

如果用户之间的关系是有指向性的,那么就会涉及关系的另一个维度,关系的互惠性和对等性(reciprocity and symmetry),即用户之间的关系是不是双向的。双向信息的沟通对于组织有着很大的作用,它能够有效增强组织内部和组织之间的信任、合作(Gouldner,1960)。对于个人用户,它也能有效地增强信息的流通,也增强了相互之间的尊重。如 Blau(1955)提到了一个经典的例子,在社会学中,回应其他人已经给予的帮助也体现了一种尊重,这也就是说关系的指向性是关系双方中一个比较重要的维度。

总结来说,以往的研究考查了关系的不同维度。在我们的研究中,尽管关系不作为我们研究的重点,但是由于关系直接涉及消费者之间相互影响的权重(Trusov et al.,2010),因此,作为控制变量之一,关系也应该被很好地控制。在数据可行的基础上,我们控制用户与其他影响者(传染源)交流的平均数(关系强度)、与其他消费者建立关系的时间(关系的时效性)以及与其他消费者同质性的平均度。

二、中心度

中心度是指个体在整个网络中的重要程度(Van den Bulte and

Wuyts,2007)。关于中心度的研究有着很久的历史,中心度最早被Bavelas(1948)引进,作为界定组织结构的一个维度,随后的研究主要将中心度作为计量网络社区中的一个概念,研究中心度的作用,如Leavitt(1951)的研究发现中心能够有效地促进群体内的问题解决,也可以作为领导力的一种感知,以及群体内部参与者满意度的一个标准。中心度的概念被应用到很多行业的研究,如本书所集中讨论的社会网络(Freeman,1979)、供应商网络(Johnston and Bonoma,1981)、用户社区网络(Algesheimer et al.,2005)等。时至今日,关于网络或群体中心度的研究已经成为社会网络中的重要的一块。下面,我们将从中心度几个比较重要的分类方面来讨论中心度在现有文献中的应用。

对于社会网络来说,如果研究的对象不局限于单一关系,那在社会网络中就一定会有一些消费者比其他消费者更重要,因此,对于关于中心度的研究就会存在两个基本的问题:一个是如何定义网络中的"重要";另一个是如何在社会网络中鉴定这种重要的位置。以往的文献开发了多种确认"重要性"的方法,也开发了多种计量"中心度"的方法(Wasserman,1994)。以往的文献中有很多关于中心度分类的内容,如Borgatti(2005)提到中心度包括度中心度、接近中心度、中介中心度、特征中心度、信息中心度、流介入中心度等。由于篇幅所限,我们在这里仅仅总结以往比较流行的中心度,并重点总结我们在本研究中所用的中心度的概念。

度中心度是一个关于中心度的比较直观的概念,它是指网络中每一个个体所拥有的连接或关系的总数目(Friedkin,1991)。在以往的研究中,中心度可以根据用户作为关系的发出方或者是接收方,又可以分为出中心度和入中心度,如Iyengar et al.(2011)的研究中使用用户的出度和入度来代表出中心度(尽管他们用意见领袖来界定他们研究的变量,但是实际上测量的是用户的中心度)。一般来说,关于出度和入度中心度,在以往的研究中并没有太多的区别,但是也有一些研究会特别标注,并把入度中心度列入"流行度"(Scott and Judge,2009)。

在本书的研究中,我们主要把用户的入度中心度作为我们研究的对象。尽管在以往的很多文献中,并没有明确入度中心度的概念,但是很多文献在测量时还是会测量用户的入度中心度。如 Hu and Van den Bulte(2014),尽管他们研究的主要变量是社会地位,但是他们测量的也是度中心度;Iyengar *et al.* (2011)也采用类似的测量方法,但是他们研究的内容界定为意见领袖;而 Nitzan and Libai(2011)则在他们的研究中将类似的测量定义为关系。因此,我们采用与以往文献类似的方式,主要将入度中心度作为研究的主要测量方式。

接近中心度,是指消费者与网络中其他的消费者接近的程度(Costenbader and Valente,2003),以往的文献中多用两个节点之间的最短距离来代表。例如网络中有 A 和 B 两点,假若 A 能够直接联系到 B,那么 A 和 B 之间的接近中心度就是 1;如果 A 和 B 之间最短需要通过一个朋友才能联系到对方,那么他们的接近中心度就是 2;如果 A 和 B 之间最短需要两个朋友才能联系到对方,那么他们的接近中心度就是 3;以此类推。不同于入度中心度强调网络中的其他点,接近中心度更多地是指网络中的点接近整个网络中其他点的能力。因此,接近中心度更强调网络中的用户到达其他用户的难易程度,强调一个人向整个网络传播信息的能力,而不是像入度中心度那样更关注一个人的流行度(Van den Bulte and Wuyts,2007)。

另一个在中心度概念中比较常用的概念是中介中心度。中介中心度主要强调个体在网络中的中介作用(Newman,2005)。类似于接近中心度,以往的文献中也是用最短距离来测量中介中心度,只是中介中心度更多地强调这个个体得以连接的最短的距离。我们以个体 A 为例,如果个体 B 和 C 可以通过 A 相互连接,并且 A 是连接 B 和 C 之间最短的节点之一,则我们记 A 的中介中心度为 1,以此类推,如果有两个,则为 2。中介中心度对于网络中信息、资源、资金的流动非常重要。如果群体中的信息、资源或是资金的流动都要经过某一个体,那么这个个体就是群体中的关键节点,就相当于他掌握了整个群体的关键点,也就很容易成为群体中比较重要的一环。

中心度作为鉴定网络特征的一个重要概念在以往的文献中得到了很好的开发。正如 Leavitt(1951)发现,中心度比较高的用户能够掌握更多的群体信息,促进群体内的问题解决,同时也可以作为领导力的一种感知,以及群体内部参与者满意度的一个标准。Ransbotham *et al.*(2012)利用来自用户社区的数据发现,中心用户度比较高的用户(他们测量了中心度的两个维度:入度中心度和中介中心度)更有可能合作创造用户生成的内容。Ahuja *et al.*(2003)发现个人中心度与个人的绩效(performance,文中代指个人的智力和学习方面的能力)有正向关联作用。Hackman(1985)发现在大学中,中心人物更有可能掌握资源的分配。而且这些发现都证明了,相比网络中的其他个体,中心人物能够更有效地掌握群体的信息,成为网络中的传播枢纽。

第四章 社会传染对虚拟产品扩散的影响

第一节 研究问题

虚拟产品也称虚体产品,是指在虚拟世界中销售的产品(Juho and Lehdonvirta,2010;Lehdonvirta,2009)。目前,虚拟产品已经发展出了一个快速增长的市场:2007 年,美国的虚拟产品市场达到了 21 亿美元,2011 年美国虚拟产品的需求将达到 73 亿美元,2014 年预计将会达到 140 亿美元(Greengard,2011);并且,虚拟产品也存在着数量巨大的潜在用户,据有关学者指出,虚拟世界中的活跃用户将从 2009 年的 1.36 亿增长到 2013 年的 1.889 亿(Animesh,Pinsonneault et al.,2011)。虚拟产品的市场很大,诞生了许多依靠虚拟产品的销售生存的企业(Sheldon,2007),如聚拢了 1 100 多万玩家的《魔兽世界》,在 2006—2007 年间,虚拟产品的销售接近 10 亿美元(Roquilly,2011)。虚拟产品的快速发展也激发了学者们的兴趣,他们从不同的方面比较虚拟产品和实体产品的异同点:目前有部分学者,如 Fairfield(2005)和 Lehdonvirta(2009)基于虚拟产品的特性——竞争性、持久性、通用性，认为虚拟产品和实体产品并没有太大的区别。但也有部分学者认为，虚拟产品毕竟存在于虚拟世界中，通过虚拟的化身与其他虚拟的化身进行交流（Animesh et al., 2011; Suh et al., 2011），并与虚拟世界进行交互（Kim et al., 2012）；而且，虚拟产品的所有利益感知都是通过心理来完成的（包括虚拟的功能价值）（Fairfield, 2005; Zhenhui and Benbasat, 2004）。

社会传染是指被影响者在接触到影响者的采用（感染）信息之后行为的改变（Van den Bulte and Lilien, 2001; Iyengar et al., 2011）。在以往对现实世界的研究中，发现社会传染对消费者态度、行为、意见等改变的作用越来越强。比如在产品购买过程中，社会影响的作用越来越大，甚至超过了大众媒体（如广告、促销等）的影响（Kumar et al., 2007; Trusov et al., 2009）。Manchanda et al. (2008)以一种药品的扩散为研究对象发现：企业的营销只能在产品扩散的前四个月内起主导作用，之后药品的扩散主要依靠用户之间的相互影响（即社会影响），事实上，近90%的购买效应是由用户之间的相互影响导致的。在其他很多行业的实践以及相关研究中，社会影响也能够发挥类似的重要作用（Le Bon, 1897; Festinger, 1954; Deutsch and Gerard, 1955; Kelman, 1961），从早期关注较多的耐用品（Bass, 1969; Mahajan et al., 1990）、药品（Van den Bulte and Lilien, 2001; Iyengar et al., 2011），到现阶段的社会网络网站的使用（Harrigan et al., 2012; Aral and Walker, 2014; Shi et al., 2014）、网络评论（Sridhar and Srinivasan, 2012; Muchnik et al., 2013）、通信行业（Nitzan and Libai, 2011; Ma et al., 2015）、网络社区（Algesheimer et al., 2005; Thompson and Sinha, 2008）、政治投票（Lazarsfeld et al., 1944; Bond et al., 2012; Pacheco, 2012）、企业战略管理（Fiss, 2006; Reppenhagen, 2010）、汽车行业（McShane et al., 2012），等等，但是很少有学者把关注的视角转向虚拟世界。

另外，以往关于虚拟产品的研究更多的是基于玩家意向方面的研究，如 Shelton(2010)用调查问卷的方式研究了玩家购买虚拟产品的不同动机。但总体来看,还缺少关于玩家行为方面的研究。因此,本书希望通过对虚拟世界内玩家互动行为的分析,采用比例风险模型,探究社会传染是否会影响玩家对虚拟产品的购买,以及这些互动更可能影响哪种类型的消费者和产品,从而为企业预测消费者的购买行为、有针对性地寻找和定位目标玩家、制定合理的营销战略提供借鉴。同时,也为本书后续的写作提供支持。

第二节 理论背景

一、虚拟世界

目前,关于虚拟世界的定义很多,如 Lehdonvirta(2009)把虚拟世界定义为由网络、电脑模拟的,玩家能够通过化身进行交互的一个虚拟空间;Lehdonvirta(2009)认为虚拟世界是一个基于计算机的模拟环境,提供了一个日益流行和强大的进行管理研究和实践的替代场所或环境;而 Goel et al.(2011)把虚拟世界定义为基于计算机而建立的,用户可以通过化身进行同步交流、通信的网络。

尽管不同的学者对于虚拟世界的定义有所不同,但通过他们的定义我们不难发现,学者对虚拟世界的定义各有不同。但是,在大多数定义中均强调虚拟世界是基于计算机模拟的环境,通过化身来实现交互。而现有的学者(Castronova,2005)通过案例总结出虚拟世界的三大特点:交互性、实体性、持久性。所谓交互性是指虚拟世界能够同其他虚拟世界进行交互,并且能同虚拟世界的消费者进行交互;实体性是指虚拟世界是现实世界的投影,虚拟世界的构成大都模仿现实世界,或者是以现实世界为蓝本开发;持久性是指虚拟世界的商品或服务能够被有效记录,玩家再次登录之后会延续之前的状态。

目前学者关于虚拟世界中的研究比较多,如有的从消费者视角来总结消费者参与虚拟世界的动机(Kim et al.,2012;Mäntymäki and Salo,

2013；Verhagen et al.，2012)，有的从产品设计的视角来讨论虚拟世界的设计原则(Chaturvedi et al.，2011)，有的则从消费者体验的角度来构建消费者重复参与虚拟世界的模型(Goel et al.，2011)。但是，从关于消费者在虚拟产品方面消费行为的研究则相对较少。

二、虚拟产品

虚拟产品，也称虚体产品，相对于实体产品，它最大的特点是"虚拟"性，即虚拟产品存在于由电脑技术创造的世界中。虚拟产品由此也更多地被定义为：在虚拟世界中销售的产品(Juho and Lehdonvirta，2010；Lehdonvirta，2009)。相比于实体产品，虚拟产品有自己的特点，在 Fairfield(2005)的研究中，虚拟产品相对于实体产品具有三大特性：竞争性、持久性、通用性。所谓竞争性是指虚拟产品和实体产品一样，在一个时间段内只能由一位玩家或是消费者使用，不能被复制，而信息产品可以同时被多个消费者使用，或被复制(Geng et al.，2005；Wu et al.，2008)；持久性是指虚拟产品能够被保持(至少在一段时间内，如 QQ 秀服装等)，不会随着电脑的开关而消失；通用性是指虚拟产品不仅能够被一个消费者使用，也能够被其他的消费者使用。

虚拟产品存在于虚拟世界中，虚拟市场(或虚拟经济)产生的虚拟产品主要可分为两个来源，一种为虚拟世界的提供方，另一种是消费者自己生产(Lehdonvirta，2009)。在虚拟世界中，玩家消费虚拟产品主要通过虚拟货币(真实的钱需要兑换成虚拟货币才能被消费，如玩家通过 QQ 币购买 QQ 秀)。从以上的定义中，不难看出，虚拟产品虽然有虚拟的表现形式，却有类似于实体产品的功能，只是相对实体商品，由于虚拟世界的特殊性而导致了它与实体产品的不同。

三、社会传染

社会传染是指被影响者在接触到影响者的采用(感染)信息之后行为的改变。以往的研究表明(Iyengar et al.，2015；Van den Bulte and

Wuyts，2007)，社会传染主要从两个方面影响被影响者：信息性影响和规范性影响。具体地说：关于信息方面的影响，主要是通过消费者与周围人群的交流，接触到关于产品的信息，并且交流的内容不一定特定于产品或服务，交流的人也不一定采用了该产品，他们只需要对于该产品有所了解，并且能够有足够的信息去讨论产品（Van den Bulte and Wuyts，2007）。另一个重要影响是已采用者所产生的规范性压力，它是指消费者寻求与他周边的其他消费者一致的压力（Burnkrant and Cousineau，1975）。社会规范有两种影响方式：一种是避免惩罚或是得到奖赏；如果焦点消费者不能与群体中的其他消费者保持一致，那就有可能受到群体的惩罚；反之，则有可能受到奖赏。另一种是保持一致性，主要是让消费者与影响者保持一种更近的社会关系（Iyengar et al.，2015）。当消费者经历与其他消费者行为的不一致时，如消费者周围的其他人采用了某一创新，而我们研究的焦点消费者并没有采用这一创新时，焦点消费者和其他消费者的心理距离和亲近感就会在一定程度上降低（Raghunathan and Corfman，2006），为了减弱这种压力，消费者就有动力采用创新的产品。还有一点很重要的是，社会规范的习得并不是一蹴而就的，它更多地是一个过程。因为社会规范代表的是群体的行为，焦点消费者需要面对的是整个群体，刚开始的时候他对整体并不是很了解，随着在社区内时间的延长，他对这个社区的了解逐渐加深，可以更快地了解群体的规范（Iyengar et al.，2015）。

在以往基于实体产品的研究中，社会传染对于消费者采用新产品有着重要的影响和作用（Iyengar et al.，2015）。尽管很多研究，如 Cha (2009)也指出消费者在虚拟世界中有一定的差异。但是，同现实世界一样，虚拟世界中的消费者对于产品也并不是完全了解，其他消费者的采用和购买不仅能够促进消费者对于目标产品的了解，而且能够让消费者更好地理解如何与社区内的其他消费者相处。因此，本书首先认为：

假设 1：社会传染（消费者之间的社会传染）能够影响玩家对虚拟产品的采用。

第三节 数据和研究方法

一、数据

为了验证以上推断,我们收集了 2011 年 7 月—9 月内消费者在某一新开服务器从某网络游戏购买虚拟产品的数据。在此期间,共有 52 834 位玩家参与游戏,其中 7 520 位玩家发生了购买行为,占总人数的 14.23%,这 7 520 位玩家共发生了 154 896 次购买行为,平均每位玩家的购买次数为 20.6 次,产生购买行为的虚拟产品总数为 325 项,购买次数从 1 到 25 075 次不等。

为了通过玩家的行为来预测玩家对虚拟产品的购买行为,我们首先对玩家 154 896 次购买行为与消费者购买行为发生时的状态进行连接。数据中记录了消费者发生购买行为的日期,因此,我们就以该时间点为截止日期,统计该时间点之前玩家所有的行为,并求出消费者在这段时间内的所有行为的平均值。如我们假设该游戏在 2011 年 7 月 16 日开服,某一玩家在 2011 年 8 月 1 日购买了产品 A,那么玩家未购买该虚拟产品的持续时间为 16 天,接着我们统计该玩家在 8 月 1 日之前的所有行为(如总登录时间、交易的次数、聊天的次数等)。由于玩家对不同虚拟产品的购买日期不同,计算不同时间内玩家的购买次数不属于同一层面的测量,因此,我们用这些次数来除以总持续时间,求出不同玩家在未购买的持续时间内每天的行为。

由于数据中包含了玩家对于同一物品的重复购买,如消费者在 8 月 1 日购买了该虚拟物品,他也可能在 8 月 15 日再次购买该虚拟产品。由于本研究只讨论消费者行为对玩家初次购买虚拟产品的风险,因此,我们删除同一玩家对同一虚拟产品的重复购买,只保留消费者初次购买虚拟产品的记录。经过整理后,总共得到 60 525 条记录。

二、研究方法

风险模型(hazard models)分析被广泛应用于消费者持续时间的分析(Nitzan and Libai,2011；Thompson and Sinha,2008)。相比于传统的回归模型(如最小二乘回归或是逻辑回归),风险比例模型不仅能够分析生存时间无一定规律且具有完全或截尾专题的众多危险因素之间的定量关系,而且能够很好地估计不同消费者在不同时间内的采用风险,同时,风险比例模型也能很好地分析反映玩家自身属性的变量(如玩家的"性别")和玩家随时间变化的变量(如玩家之间的互动)。

在本书的研究模型中,由于我们的数据是删失数据,如果运用传统的回归方法建模,如线性回归或是逻辑回归,就会由于缺少部分样本而造成估计的偏差。借鉴以往的类似研究(Du and Kamakura,2011；Rondeau et al.,2012),我们采用风险模型来估计,验证我们的假设。风险模型是一种很好的估计删失数据的方法,在医学、保险及经济计量学中有着广泛的应用(Allignol and Latouche,2015；Du and Kamakura,2011)。另外,又由于我们的研究假设中消费者的选择不止只有简单的一种,因此我们以风险模型为基础模型,并在此基础上运用脆弱性模型作为估计多变量删失数据的模型。具体地说,借鉴以往文献中研究社会传染的研究方法(Cameron and Trivedi,2005；Risselada et al.,2014),我们构建消费者采用产品 j 的风险为 $h(t|X_{ijt})$：

$$\ln(h(t \mid X_{ijt})) = \alpha + X_{ijt}\beta_j$$

其中,t 是消费者 i 采用产品 j 的时刻,α 是消费者在 t 时刻采用产品 j 的基准风险,X_{ijt} 是消费者在 t 时刻采用产品 j 的协变量,β_j 则为估计的协变量的系数:不仅包含我们要探究的社会传染,也包括玩家在虚拟世界内的性别、门派、职业等其他控制变量。

三、变量

1. 主变量

虚拟产品的采用：对于消费者 i，如果他在我们截取点之前购买了某一产品 j，则我们记消费者 i 的采用为1，并且记录下他们在虚拟社区内所待的时间。对于那些没有采用的玩家，我们标记他们的采用行为为0。消费者在社区内的时间是从他加入虚拟世界，直到我们数据结束阶段的那一天（2011年9月17日）。

社会传染：关于社会传染的测量，我们采用以往文献中，如 Iyengar et al.（2011）和 Risselada et al.（2014）的方式：把社会传染定义为在消费者购买某种产品之前通过社会交互所接触到的产品的次数。具体地说，对于任一消费者 i 在时刻 t 采用某一产品 j 的社会传染可以如下式所表示：

$$\sum_{t=1}^{T}\sum_{i_0=1}^{N} y_{ijt} w_{ii_0 t} z_{i_0 jt}$$

其中 y_{ijt} 表示用户 i 是否在时刻 t 之前采用了产品 j，1表示该消费者采用了该产品，0表示没有采用；$z_{i_0 jt}$ 表示用户 i_0 是否在时刻 t 之前采用了产品 j，同样地，1表示该消费者采用了该产品，0表示没有采用；$w_{ii_0 t}$ 表示用户 i 是否和用户 i_0 在时刻 t 之前建立了交互关系。在我们的数据中，这些交互行为包含用户之间的交流、交易、共同完成任务等。我们认为在发生了交互之后，信息得以流通，采用者的行为得以被观察，整个社会传染的过程得以实现。

2. 控制变量

关系强度：关系强度代表了消费者之间发生关系的强弱，表示消费者之间有多大强度的信息或规范得以传播（Steffes and Burgee，2009）。由于消费者在网络中不仅与一个其他消费者发生交流关系，而且与每个人交流的次数也有所不同，仿照以前的研究（Onnela et al.，2007），我们将目标消费者与其他消费者交流的平均次数作为消费者关系强度的测度：

即我们首先统计消费者与其他消费者总共发生了多少交互次数,然后用得到的数据除以交流的人数,即得到消费者交流的平均强度,我们用 TS_{it} 表示:

$$TS_{it} = \frac{\sum_{i_0=1}^{n} TS_{ii_0 t} \times \delta_{ii_0} \times z_{i_0 jt}}{\sum_{i_0=1}^{n} \delta_{ii_0}}$$

其中,$TS_{ii_0 t}$ 表示消费者 i 在时刻 t 之前与消费者 i_0 发生交互的次数,$z_{i_0 jt}$ 表示用户 i_0 是否在时刻 t 之前采用了产品 j,δ_{ii_0} 是一个二元变量(0 或 1),表示消费者 i 是否在时刻 t 之前与消费者 i_0 发生了交互行为。当然,在某些特殊情况下,如 $\sum_{i_0=1}^{n} \delta_{ii_0} = 0$,则 $TS_{it}=0$。

关系的同质性:同质性是指关系连接双方的相似性(Van den Bulte and Wuyts,2007)。依照以往的文献(Brown and Reingen,1987),我们用消费者之间的相似特征作为测量关系同质性的标准,在我们的数据里,包括虚拟性别、职业、门派、注册时间等。为了测量两者之间的相似性,我们在每一个变量上赋值 0.25。如果两个消费者之间有着相同的特征,如性别,则记为 1,如果没有相同的特征,则记为 0。之后,我们汇总加权得到每两个消费者之间的相似性,然后取他们的平均值,就得到以往研究中消费者与那些采用者之间的相似性,用 H_{it} 表示

$$H_{it} = \frac{\sum_{i_0=1}^{n} H_{ii_0 t} \times \delta_{ii_0} \times z_{i_0 jt}}{\sum_{i_0=1}^{n} \delta_{ii_0}}$$

其中,$H_{ii_0 t}$ 表示消费者 i 与消费者 i_0 的相似指数,$z_{i_0 jt}$ 表示用户 i_0 是否在时刻 t 之前采用了产品 j,δ_{ii_0} 是一个二元变量(0 或 1),表示 i 是否在时刻 t 之前与消费者 i_0 发生了交互行为。当然,在我们的统计样本中,如果两者之间没有传染关系,则 H_{it} 的最小值为 0。

关系的时效性:Du and Kamakura(2011)指出社会影响具有时间和空间效用,但是在虚拟世界中,由于消费者处于一个平台上,相互之间的地

理效用由用户之间的交互所代替,并且由于网络的特殊性而无法测量边际,因此,我们需要控制的就是用户之间的关系建立的时效性。因为目标消费者和周边的很多消费者进行交互,受到周围很多消费者的影响,所以我们采用和关系同质性相似的测量,测量研究对象和其余每一个用户最早开始交互的时间,然后求得平均值记为消费者与传染源关系的时效性,我们用 IT_{it} 表示

$$IT_{it} = \frac{\sum_{i_0=1}^{n} IT_{ii_0 t} \times \delta_{ii_0} \times z_{i_0 jt}}{\sum_{i_0=1}^{n} \delta_{ii_0}}$$

其中,$IT_{ii_0 t}$ 表示消费者 i 在时刻 t 之前与消费者 i_0 建立关系的时间,$z_{i_0 jt}$ 表示用户 i_0 是否在时刻 t 之前采用了产品 j,δ_{ii_0} 是一个二元变量(0 或 1),表示 i 是否在时刻 t 之前与消费者 i_0 发生了交互行为。当然,如果两者之间没有传染效应,则 IT_{it} 的值为 0。

虚拟货币(M_{it}):我们也统计了可能影响消费者采用某一产品 j 的其他影响因素,如消费者持有的虚拟货币。无论是在现实世界,还是在虚拟世界,消费者的经济水平,即他所持有的虚拟货币,是决定消费者是否购买的一个重要因素。又由于消费者购买产品是一个长期的效应,因此我们统计消费者在购买该产品之前每天平均收入,作为消费者虚拟货币的测量。

在线时间长度(T_{it}):从一般的层面上讲,消费者在社会内的时间越长,越会积累更多的信息,形成自己对于产品的认知,进而影响消费者的行为(Nitzan and Libai, 2011)。因此,控制消费者的在线时间长度对于检验消费者受到的社会影响有着重要的作用。在我们的样本中,我们能够得到消费者每天的登入与登出具体时间,因而我们汇总消费者在购买之前的在线总时间作为消费者在线时间长度的测量。

虚拟性别(G_i):我们用消费者在虚拟世界中的虚拟行为作为性别的测度,其中 1 代表男性(虚拟性别)消费者,而 0 代表女性消费者,并且以往的研究,如 Cha(2009)已经证明,消费者的性别对于消费者采用虚拟产

品有着系统性的影响。

玩家虚拟化身的统计特征:已有的文献表明(Yee,2006),对于不同统计特征的消费者(如年龄、性别、使用模式的不同等),社会传染对于消费者参与网络游戏的影响不同。因为,虚拟世界有着类似于现实世界的特征(Castronova,2005),因此,不同统计特征的消费者自然会选用不同类型的产品,就像在QQ秀中,"女性"(虚拟性别)的玩家会更多地需要女性类的服装,对于男性系列的虚拟产品的选购自然会比较少。所以,在探究不同化身的消费者的互动行为对于虚拟产品的购买影响因素时,就需要把消费者的个人统计特征考虑进来。

已有的文献表明,忠诚的消费者重复购买的可能性更高(Jacoby and Kyner,1973),并且在营销实践中,富裕的消费者在大多数情况下购买某一商品的可能性会更大。因此,为了更好地刻画玩家之间互动对玩家购买虚拟产品的影响,我们把玩家的对虚拟世界的忠诚度和消费者在虚拟世界的富裕程度作为控制变量。

第四节 研究结果

表4-1是关于主效应的检验结果,从回归的结果可以看出,社会传染影响玩家对于虚拟产品的购买比例(除作为发送方的次数,其他系数均显著),假设1得到证明,即社会传染对于虚拟产品的扩散有着重要的促进作用。

表 4-1 实证结果

	模型 0	模型 1
关系时效	-0.130^*	-0.135^*
关系同质性	2.2758^{**}	2.3432^{**}
关系强度	0.00343^{***}	0.00273^{***}
在线时间长度	$2.32\text{E-}07^{***}$	$5.65\text{E-}08^{***}$

（续表）

	模型 0	模型 1
虚拟性别	-1.245^*	-1.16435^*
社会传染		0.01733^{**}
偏极大似然值(LL)	-110579.1	-105467.2

注：$^* p<0.05$，$^{**} p<0.01$，$^{***} p<0.001$。

第五节　讨论和小结

一、理论意义

目前关于虚拟产品的研究主要集中在产品的定价(Ba et al.，2012)，消费者为什么会购买虚拟产品(即消费者购买虚拟产品的动机)(Animesh et al.，2011; Lehdonvirta，2009; Sheldon，2007; Shelton，2010)，虽然已有的理论，如 TPB 模型(Pavlou and Fygenson，2006)，认为积极的购买意向会导致积极的购买行为，但是在现有的研究中，并没有通过利用关于玩家实际采用或购买虚拟产品的实际数据来验证这一结论。本书采用实际数据，运用风险比例模型表明：在虚拟世界中，社会传染是影响消费者购买虚拟产品的重要因素。

二、实践意义

本文的研究结论有很强的实践意义。首先，本研究发现，企业增强玩家与其他用户互动、增强玩家与虚拟世界互动的战略能够显著增强玩家对于虚拟产品的购买比例。在这样的战略下，可以设计一些针对细分消费者的社区或是鼓励一些虚拟世界(虚拟社区的企业)发起交流、互动，从而增强玩家的互动，进而增强玩家的购买可能性。

第五章 不同产品类型情境下的社会传染差异化影响

第一节 研究问题

社会传染的现象已经在营销领域受到了广泛的重视(Angst et al., 2010; Aral and Walker, 2011; Du and Kamakura, 2011; Iyengar et al., 2011; Manchanda et al., 2008; Van den Bulte and Stremersch, 2004; Van den Bulte and Lilien, 2001)。社会传染的基本假设是以往消费者的采用能够对未采用的消费者产生一定比例的影响作用(Du and Kamakura, 2011; Young, 2009)。以往的研究证实了,即使是在控制影响消费者采用的另一个重要因素——大众传媒的基础上(Iyengar et al., 2011; Manchanda et al., 2008; Van den Bulte and Lilien, 2001),社会传染对于新产品的扩散还是能够起到作用(Angst et al., 2010; Aral and Walker, 2011);并且也分析了哪些因素会调节到社会传染对于被影响者的作用,如影响者的特征(Angst et al., 2010)、影响者和被影响者之间的关系(Aral and Walker, 2014; Brown and Reingen, 1987)、被影响者的特征

(Hu and Van den Bulte, 2014; Iyengar et al., 2015),社会传染的局限性,如在时间和空间上等(Du and Kamakura, 2011)。但是以往的研究样本多采用一种产品(Bass, 1969; Iyengar et al., 2015; Van den Bulte and Iyengar, 2011),或是并未区分产品的不同(Du and Kamakura, 2011; Aral and Walker, 2012; Aral and Walker, 2014),而多产品的情境使得研究结论的外部效度更强。但是,产品之间的差别非常大,如不同类型的差异,享乐型 VS 实用型产品(Hirschman and Holbrook, 1982b; Okada, 2005)。

消费者购买实用型产品是为了满足功能性或是任务性的消费,更多地是认知驱动和功能性的(Okada, 2005; Strahilevitz and Myers, 1998),比如个人电脑、微波炉、割草机等。而消费者购买享乐型产品则不仅只为了满足功能性需求,而且包括情感性需求,包含情感性的体验,如幻想、感官享受和乐趣等(Botti and McGill, 2011; Raghunathan and Corfman, 2006),如定制的衣服、跑车、奢侈表等。以往关于社会传染的研究中所使用的样本数据,如医药行业(Iyengar et al., 2011; Manchanda et al., 2008; Van den Bulte and Lilien, 2001)、耐用品(Bass, 1969)等,大多数都可以被认为是实用型产品,也就是说现阶段的研究较少分析社会传染在享乐型产品扩散中的影响。但是,消费者购买享乐型产品和实用型产品的动机和决策过程又是显著不同的(Holbrook and Hirschman, 1982)。在理论上探究社会传染对这两种类型的产品采用决策机制的影响有着重要的意义。

因此,本章首先要解决的问题是:社会传染是否在享乐型产品的扩散中发挥类似于在实用型产品扩散中的作用。同时,结合以往关于社会传染的研究范式(Iyengar et al., 2011; Manchanda et al., 2008),我们的第二个研究问题是:寻找不同类型的消费者在面对这些不同类型产品的传染信息时,有着什么样的被影响路径? 我们采用来自大型角色扮演社区中消费者购买虚拟产品的数据,在我们的样本中,共计有 5 万多名用户被记录,其中有 7 000 多名用户购买了 300 多种虚拟产品的记录,总计超过

3 000万条数据点。由于是删失数据,仿照以往的研究(Iyengar et al.,2015;Van den Bulte and Lilien,2001),我们使用风险模型来估计社会传染在不同类型产品中的影响,并且用随机效用控制不同产品和消费者的异质性(Du and Kamakura,2011;Ho-Dac et al.,2013)。我们的研究结果表明:不管对于实用型产品还是享乐型产品,来自其他消费者的、关于产品的传染信息都能对消费者的采用起到正向的促进作用。但是消费者在面对不同类型产品的社会传染时,被影响的轨迹是不同的。具体地说,对于实用型产品,处于中间阶层的消费者更容易受到社会影响的作用;反之,对于享乐型产品,处于较高阶层和较低阶层的消费者更容易受到社会传染的影响。

我们的研究对于现有的理论和实践都有着重要的意义。首先,我们的研究是第一次研究不同产品类型下的社会影响对于消费者采用的影响,拓展了现有关于社会影响的研究领域;其次,我们探究了不同类型的消费者对于不同类型产品的社会影响的接受程度。我们的研究也有着非常重要的实践意义,基于快速增长的虚拟世界产业和虚拟产品的巨大销售收入,我们的研究为他们提供了直接的实践指导意义。另外,本章还为营销经理们提供了如何对不同类型的产品定位消费者的方法。我们的研究结果表明,对于实用型产品,营销经理应该把营销的重点放在中间阶层的消费者;反之,对于享乐型产品,营销经理应该把重心放在低阶层或高阶层的消费者身上。

本章的安排如下:我们首先回顾本书所使用的文献,并推导出本书研究的假设;接着,重点展示我们的研究数据和研究方法;之后,检验我们的假设;最后讨论本章的理论意义和实践意义。

第二节 理 论 背 景

一、社会传染

社会传染是指被影响者在接触到影响者的采用(感染)信息之后行为

的改变。以往的研究(Iyengar et al.，2015；Van den Bulte and Wuyts，2007)表明,社会传染主要从这两个方面影响被影响者:信息性影响和规范性影响。社会规范有两种影响方式:第一种是为了避免惩罚或是得到奖赏,如果焦点消费者不能在群体中与其他消费者保持一致,那就有可能受到群体的惩罚,反之,则有可能受到奖赏;第二种是保持一致性,主要是让消费者与影响者保持一种更近的社会关系(Iyengar et al.，2015)。当消费者经历与其他消费者行为的不一致时,如我们研究的焦点消费者周围的其他人采用了某一创新,而焦点消费者并没有采用时,焦点消费者和其他消费者的心理距离和亲近感就会在一定程度上降低(Raghunathan and Corfman,2006),为了减弱这种压力,消费者就有动力采用该创新产品。还有很重要的一点是,社会规范的习得并不是一蹴而就的,它更多地是一个过程。因为社会规范代表的是群体的行为,焦点消费者需要面对的是整个群体,刚开始的时候他对整体并不是很了解,随着在社区内时间的延长,他对这个社区的了解逐渐加深,从而可以更快地了解群体的规范(Iyengar et al.，2015)。

尽管以往的关于社会影响的研究有很多,但是正如我们在引言中所强调的,以往的文献主要关注于一种产品(Iyengar et al.，2015；Iyengar et al.，2011；Manchanda et al.，2008；Van den Bulte and Lilien，2001)或是一类产品(Du and Kamakura，2011),并没有关于社会传染在不同产品之间的不同影响。鉴于现有研究已经探究了社会传染在产品差别不是很大的品类产品之间的影响,在本章,我们探讨社会影响在不同类型的产品之间的影响:实用型产品 VS 享乐型产品。

二、实用型产品 VS 享乐型产品

实用型产品是消费者为了满足功能性或是任务性的消费而购买的产品。因此,实用型产品更多地是认知驱动和功能性的(Okada，2005；Strahilevitz and Myers，1998)。而消费者购买享乐型产品则是为了满足自身内在的享乐性需求,包含情感性的体验,如幻想、感官享受和乐趣等。

因此,享乐型产品更强调满足用户的情感性需求(Botti and McGill, 2011; Raghunathan and Corfman, 2006)。

一般来说,消费者购买、消费实用型产品,如个人电脑、微波炉、割草机(O'Curry and Strahilevitz, 2001),主要是为了满足某些特定的任务、获得更多的效能,产品的功能和价值能够通过群体中关于产品的认知而被定义、测量,因此消费者的购买主要是依据客观的标准(Babin *et al.*, 1994; Batra and Ahtola, 1991),是一种外部导向的消费行为(Chitturi *et al.*, 2008)。消费者评测标准比较一致,其他人的影响也能够在第一时间得到验证。

消费者在享乐性消费中比在实用性消费中更能涉及情感方面的内容,也更容易受到情感方面的影响(Pham, 1998)。由于消费者个人的不同,每个人对于享乐的标准也不同,因此这种享乐动机更多地是一种内在驱动,更多地是追求主观的满足(Botti and McGill, 2011; Voss *et al.*, 2003),并且这种主观感受会因为个人的差异而有很大的差别,即有的消费者会喜欢芭蕾舞,而有的则不太感兴趣。因此,大部分时候,消费者购买享乐型产品主要是内部导向(Chitturi *et al.*, 2008)。

三、社会地位

社会地位是个人在社会群体中等级位置的反映,是一种次序的表现。它反映了个人在群体其他个体心中的期望,因此也就决定了个人在群体中的机会,同时会限制个人在群体中的遭遇 Podolny(2010, p.11)。社会地位是一种与群体内其他人比较后的结果(Goode *et al.*, 2014),它可以被认为是一种社会的尊重(Turner, 1988)。社会地位的获得主要可以分为两类(Wikipedia, 2015):一种是与生俱来的特征的归属地位,如性别、从家庭继承的社会地位等;另一种则是通过个人努力而获得的社会地位,称为获致地位。

社会地位的焦虑是指群体中的个体对于其他个体如何看待自己,并在未来将会怎么做的担忧。这种焦虑在社会地位中比较重要,并且在模糊的、不稳定的或是不断动荡中的环境中会变得尤为重要(Gould,2003)。社会学家指出,中间社会阶层有着最强的阶层焦虑性(De Botton,2008;Newman,1988)。以往的文献指出这种现象发生可能有三种原因:第一,中间社会阶层经历着失去社会地位的可能性以及获得更高地位的可能性;第二,自身所在社会阶层的不确定性,使得对于中间社会阶层来说,评估自身所处的社会地位并不是一件很容易的事情;第三,目标的倾斜性使得一个人离目标越近,就会越努力(Harvey and Consalvi,1960;Kivetz et al.,2006)。

中间社会阶层的焦虑使我们理解为什么中间社会阶层的消费者比其他阶层的消费者有着更强的意愿去关注自身的社会阶层,更希望通过消费来展示自己的社会阶层(De Botton,2008;Marwick,2013)。因此,对于消费者所接触到的新产品,中间社会阶层应该是对那些社会地位提升有帮助的产品有更强的敏感性。如果那些新产品或是创新能够有效提升他们自身的社会地位,那么相比较高或较低社会阶层的消费者而言,中间社会阶层对于这些产品的采用意愿就更高一些,这些产品的采用呈现出随着社会地位增长的倒 U 形曲线,因为中间社会阶层对于自身意愿的提高有着更为迫切的需求,这已经被以往的很多研究,如 Podolny(2010)、Sauder et al.,(2012)所证实。相反地,如果有些产品或是创新有害于或是不太利于中间社会阶层自身社会地位的表达,那么相比较高或较低社会阶层的消费者而言,中间社会阶层对这些产品采用的可能性相对就会低一些,呈现正 U 形的作用(Phillips and Zuckerman,2001),因为这些选择不利于他们社会地位的表达,也就更不容易去说服自己采用。

四、研究假设

社会传染会向被影响者传递关于产品知识的信息性影响以及关于群体使用产品的规范性影响(Van den Bulte and Lilien,2001)。对于实用型产品,消费者在了解到关于该产品的传染信息之后,能够更好地鉴别产品给消费者带来的利益,即使是在消费者已掌握信息的基础上,这些传染信息也能够让消费者更加确认自己的判断(Van den Bulte and Wuyts, 2007);同时其他消费者的采用也会在无形中形成一种规范性的动力,使得消费者有可能进一步强化自己的判断(Manchanda et al.,2008)。同样地,对于享乐型产品来说,其他消费者的采用所带来的传染信息能够让他们对产品更加了解,使得消费者在确定采用时能够更加自信(Van den Bulte and Wuyts, 2007);另外,其他消费者的采用也能让未采用的消费者更好地理解群体中关于该产品的使用规范,更好地避免可能因为采用带来的惩罚,或是使得采用的可能益处更加明显(Raghunathan and Corfman 2006)。因此,我们可以得到假设1:

假设2:社会传染对于享乐型产品和实用型产品都有正向的促进作用。

Sridhar and Srinivasan(2012)指出,社会影响的主要过程是消费者综合自身信息和外部信息进行决策的过程。因此,探究个人特征在社会传染中的影响无论是对于理论工作者还是对于企业的营销经理都有着非常重要的意义。正如前文所探讨的那样,相对于高、低社会阶层的消费者来说,中间社会阶层的消费者有着对自己阶层更强的焦虑性,他们对那些能够增强自身社会地位的产品有更强的易感性,对于无法增强自身社会地位的产品有着更强的排斥性。因此,我们假设:

假设3:对于实用型产品的社会传染,来自中间社会阶层的消费者相比于高、低社会阶层的消费者受感染的可能性更大(H2a);对于享乐型产品的社会传染,高、低社会阶层的消费者相比于中间社会阶层的消费者受感染的可能性更大(H2b)。

我们的假设基于以下理由:消费者购买实用型产品是为了满足功能性或是任务性的消费(Okada, 2005; Strahilevitz and Myers, 1998),使用实用型产品能够提升消费者的效用,帮助消费者改善自身所处的状态(Hirschman and Holbrook, 1982b; Holbrook and Hirschman, 1982),为消费者带来更多的利益,进而可以比较直接地提升他们的社会地位。特别是在虚拟世界的社区中,消费者购买一定的实用型产品,如刀、剑等,能够有效提升消费者与虚拟世界交互的能力和水平,促进自身在虚拟世界中社会地位的增长。因此,中间社会阶层的消费者对于来自其他消费者的社会传染信息有着更强的易感性。因此,基于以上理由,我们可以得到假设 H2a。

消费者购买享乐型产品更多地是追求内心的喜欢,主要是满足自己的内心需求。享乐性消费比实用性消费者更涉及情感方面的内容,也更容易受到情感方面的影响(Pham,1998)。典型的享乐型产品,如看一场芭蕾舞、听一场音乐会等(Botti and McGill,2011),在我们采用的虚拟世界样本中,消费者购买的虚拟产品,如烟花、喇叭、衣服等,都能够提升消费者自身的愉悦感,但是对于消费者提升自身在社区的社会地位,如等级等,并没有太多的帮助。相比较来说,中间社会阶层的消费者更加关注那些能够提高自身社会地位的产品,因此,相比于处在高、低社会阶层的消费者,中间社会阶层的消费者对于其他消费者的传染信息更不敏感。基于以上原因,我们可以得到假设 H2b。

第三节 研究方法

一、研究背景

我们的研究数据来自国内某大型多玩家角色扮演游戏,包括 2011 年 6 月 16 日至 9 月 17 日,共计 64 天内,消费者在某一新开服务器购买虚拟产品和其他活动的数据。这款游戏中,玩家可以先注册获得一个游戏中的化身,之后用户可以通过化身在这种虚拟环境中进行相互之间的社交、完成任务、交易活动。具体来说,在这种虚拟社会中,用户可以自由组队、完成任务、购买产品;也可以像真实的社会一样,自己生产"产品",然后进行销售等。在虚拟社区中,企业会推出各种各样的虚拟产品,消费者也会通过用户之间的互动来了解产品的信息,并且在与其他用户的交流中把这种信息传播给其他的消费者。就像 Bainbridge(2007)所强调的那样,这种大型多玩家角色扮演游戏是现实社会的反映,其主要参与者都是真实的用户,能够作为研究社会科学的一个很好的样本,并且由于每一个虚拟世界的样本都能够作为一个独立的系统,使得样本能够更好地排除其他噪声的影响。而且,正如以往的研究所强调的那样,尽管虚拟产品的采用和真实产品有一点差异(Shelton,2010),但是和真实产品一样,虚拟世界中的虚拟产品也存在着享乐价值、实用价值以及社会价值等(Juho and Lehdonvirta,2010;Lehdonvirta,2009)。再者,我们选用的产品样本还要支付实际的货币,因而消费者的购买行为会非常谨慎。因此,基于以上原因,我们采用来自虚拟世界的数据作为我们分析的样本,从而来探究假设的正确性。

通过和游戏公司的合作,我们从公司的后台得到了用户的登录日志文件,这些日志文件记录了玩家在游戏中所有的行为。这些行为包括我们研究的玩家相互之间的交互及内容、玩家登录及退出的时间、玩家购买虚拟产品的种类和时间。我们的数据总计包含 64 天的信息。一般来说,公司推出游戏的平均时间为三个月,因为三个月之后玩家会对产品变得熟悉,企业不得不上线一个新产品。由于玩家的数量及用户基础非常大,有时候可能会达到上百万,因此,企业会选择不同的服务器存储同一社区下的用户行为。我们的数据即来自企业存储在某一服务器内部的数据,共包含 52 834 位玩家,其中 7 520 位玩家发生了购买行为,占总人数的 14.23%,这 7 520 位玩家共发生了 154 896 次购买行为,平均每位玩家的购买次数 20.6 次;玩家购买的付费虚拟产品总计为 325 项,购买次数从 1 到 25 075 次不等;52 834 位玩家中有 14 914 位用户发生了与其他消费者的交互行为,总计发生了 21 085 637 次消费者之间的互动,平均每人每天的互动次数为 6.23 次。

二、变量测量

1. 主变量

虚拟产品的采用:如果消费者在我们截取点之前购买了某一产品,则我们记消费者的采用为 1，并且我们记录他在虚拟社区内所待的时间；对于那些没有采用的玩家，我们标记他们的采用行为为 0。消费者在社区内的时间我们计为从他加入虚拟世界，直到我们数据阶段的那一天（2011 年 9 月 17 日）。

虚拟产品类别（享乐型 VS 实用型）：游戏的运营方为虚拟世界提供了很多的虚拟产品以供选择。在这里，我们借鉴 Lehdonvirta（2009）和 Lehdonvirta *et al.*（2009）对于虚拟产品属性的归类，把产品分为实用型产品和享乐型产品。实用型产品是指那些为了完成任务而设计出的产品，享乐型产品则是指那些为了自身获得更多体验的产品，实用享乐型产品则包含这两方面的属性。具体地说，在我们的样本中，实用型产品主要是刀、剑，以及一些增强用户攻击属性的产品，如购买量最大的产品：皆空紫念珠（商），其功能可以描述为："诵佛号欲除去烦恼，安定心念。用乾坤袋合成可以洗小于等于 109 级的紫色装备的基础属性（包括武器的基础攻击速度）"；享乐型产品主要是指用户在虚拟世界中消费的披风、烟花、招牌等，如金字招牌（商），"可将摊位名字改成金色，财源滚滚而来。使用道具后得到一个金字招牌状态，该状态持续 24 小时。玩家在状态时间内摆摊，摊位名字会变成金色"。在对产品归类之后，为了减少单个产品在估计中所造成的误差，扩大我们结论的外部效度，我们随机选择了 12 种实用型产品和 10 种享乐型产品作为我们估计的样本。

社会传染：关于社会传染的测量，我们采用以往文献中，如 Iyengar *et al.*（2011）和 Risselada *et al.*（2014）的方式，把社会传染定义为在消费者购买某种产品之前通过社会交互所接触到的产品的次数。具体地说，对于任一消费者 i 在时刻 t 采用某一产品 j 的社会传染可以如下式所表示：

$$\sum_{t=1}^{T}\sum_{i_0=1}^{N} y_{ijt}\, w_{ii_0 t}\, z_{i_0 jt}$$

其中 y_{ijt} 表示用户 i 是否在时刻 t 之前采用了产品 j，1 表示该消费者采用了该产品，0 表示没有采用；$z_{i_0 jt}$ 表示用户 i_0 是否在时刻 t 之前采用了产

品 j,同样地,1 表示该消费者采用了该产品,0 表示没有采用;$w_{ii_0 t}$ 表示用户 i 是否和用户 i_0 在时刻 t 之前建立了交互关系,在我们的数据中,这些交互行为包含用户之间的交流、交易、共同完成任务等。我们认为在发生了交互之后,信息得以流通,采用者的行为得以观察,整个社会传染的过程得以实现。

社会地位:消费者的社会地位代表了群体内部其他消费者对于该消费者的尊敬程度。消费者中心度表示消费者在整个网络中的重要程度,而入度中心度代表了其他消费者向目标消费者征询意见的倾向,在很大程度上可以成为社会地位的代表(Hu and Van den Bulte,2014)。因此,仿照以往的研究,我们使用消费者的入度中心度作为产品社会地位的测度。消费者的入度中心度高也就意味着消费者有更多的机会得到其他消费者的意见垂询,受到的尊敬程度也会越高(Hu and Van den Bulte,2014)。我们用 SS_{it} 表示社会地位:

$$SS_{it} = \sum_{i_0=1}^{n} w_{ii_0 t} \gamma_{ii_0 t}$$

其中,$w_{ii_0 t}$ 表示消费者 i 是否和消费者 i_0 在时刻 t 之前建立了交互关系,$\gamma_{ii_0 t}$ 表示消费者 i_0 是否在时刻 t 之前主动和消费者 i 发生了交互关系,n 表示群体中消费者的总人数。

2. 控制变量

关系强度:关系强度代表了消费者之间关系的强弱,表示消费者之间有多大强度的信息或规范得以传播(Steffes and Burgee,2009)。我们将目标消费者与其他消费者交流的平均次数作为消费者关系强度的测度:即我们首先统计消费者与其他消费者共发生了多少次交互,然后用得到的数据除以交流的人数,即得到消费者交流的平均强度,我们用 TS_{it} 表示:

$$TS_{it} = \frac{\sum_{i_0=1}^{n} TS_{ii_0 t} \times \delta_{ii_0} \times z_{i_0 jt}}{\sum_{i_0=1}^{n} \delta_{ii_0}}$$

其中，TS_{ii_0t} 表示消费者 i 在时刻 t 之前与消费者 i_0 发生交互的次数，z_{i_0jt} 表示用户 i_0 是否在时刻 t 之前采用了产品 j，δ_{ii_0} 是一个二元变量（0 或 1），表示 i 是否在时刻 t 之前与消费者 i_0 发生了交互行为。当然，在某些特殊情况下，如 $\sum_{i_0=1}^{n} \delta_{ii_0} = 0$，则 $TS_{it}=0$。

关系的同质性：同质性是指关系连接双方的相似性（Van den Bulte and Wuyts，2007）。依照以往的文献（Brown and Reingen，1987），我们用消费者之间的相似特征作为测量关系同质性的标准，在我们的数据里，包括虚拟性别、职业、门派、注册时间等。为了测量两者之间的相似性，我们在每一个变量上赋值 0.25。如果两个消费者之间有着相同的特征，如虚拟性别，则记为 1，如果没有则记为 0。之后，我们汇总加权得到每两个消费者之间的相似性，然后取他们的平均值，就得到研究中消费者与那些采用者之间的相似性，我们用 H_{it} 表示

$$H_{it} = \frac{\sum_{i_0=1}^{n} H_{ii_0t} \times \delta_{ii_0} \times z_{i_0jt}}{\sum_{i_0=1}^{n} \delta_{ii_0}}$$

其中，H_{ii_0t} 表示消费者 i 与消费者 i_0 的相似指数，z_{i_0jt} 表示用户 i_0 是否在时刻 t 之前采用了产品 j，δ_{ii_0} 是一个二元变量（0 或 1），表示消费者 i 是否在时刻 t 之前与消费者 i_0 发生了交互行为。当然，在我们的统计样本中，如果两者之间没有传染关系，则 H_{it} 的最小值为 0。

关系的时效性：Du and Kamakura(2011)指出社会影响具有时间和空间效用，但是在虚拟世界中，由于消费者处于一个平台上，相互之间的地理效用由用户之间的交互所代替，并且由于网络的特殊性而无法测量边际，因此，我们需要控制的就是用户之间关系建立的时效性。因为目标消费者和周边的很多消费者进行交互，受到周围很多消费者的影响，所以我们采用和关系同质性相似的测量，测量研究对象和每一个用户最早开始交互的时间，然后求得平均值，记为消费者与传染源关系的时效性，我们

用 IT_{it} 表示:

$$IT_{it} = \frac{\sum_{i_0=1}^{n} IT_{ii_0t} \times \delta_{ii_0} \times z_{i_0jt}}{\sum_{i_0=1}^{n} \delta_{ii_0}}$$

其中,IT_{ii_0t} 表示消费者 i 在时刻 t 之前与消费者 i_0 建立关系的时间,z_{i_0jt} 表示用户 i_0 是否在时刻 t 之前采用了产品 j,δ_{ii_0} 是一个二元变量(0 或 1),表示消费者 i 是否在时刻 t 之前与消费者 i_0 发生了交互行为。当然,如果两者之间没有传染效应,则 IT_{it} 的值为 0。

虚拟货币(M_{it}):我们也统计了可能影响消费者采用某一产品 j 的采用风险的其他变量,如消费者持有的虚拟货币。无论是在现实世界,还是在虚拟世界,消费者的经济水平,即他所持有的货币是影响消费者是否购买的一个重要因素。又由于消费者购买产品是一个长期的效应,因此我们统计消费者在购买该产品之前每天的平均收入,作为消费者虚拟货币的度量。

在线时间长度(T_{it}):从一般的层面上讲,消费者在社会内的时间越长,越会积累更多的信息,形成自己对于产品的认知,进而影响消费者的行为(Nitzan and Libai,2011),因此,控制消费者的在线时间长度对于检验消费者受到的社会影响有着重要的作用。在我们的样本中,能够得到消费者每天登入与登出的具体时间,我们汇总消费者在购买之前的在线总时间作为消费者在线时间长度的测量。

虚拟性别(G_i):我们用消费者在虚拟世界中的虚拟行为作为性别的测度,其中 1 代表男性消费者,而 0 代表女性消费者,并且以往的研究,如 Cha(2009),已经证明,消费者的性别对于消费者采用虚拟产品有着系统性的影响。

三、研究方法

由于我们的数据是删失数据,如果运用传统的回归方法建模,如线性回归或逻辑回归,就会由于缺少部分样本而造成估计的偏差。借鉴以往

的类似研究(Du and Kamakura, 2011; Rondeau et al., 2012),我们采用风险模型来估计、验证我们的假设。风险模型是一种很好的估计删失数据的方法,在医学上、保险及经济计量学中有着广泛的应用(Allignol and Latouche, 2015; Du and Kamakura, 2011)。另外,又由于我们的研究假设中消费者的选择不止只有简单的一种,因此我们以风险模型为基础模型,并在此基础上运用脆弱性模型作为估计多变量删失数据的模型。具体地说,借鉴以往文献中研究社会传染的方法(Cameron and Trivedi, 2005; Risselada et al., 2014),我们构建消费者采用产品的 j 的风险为 $h(t|X_{ijt})$:

$$\ln(h(t|X_{ijt})) = \alpha + X_{ijt}\beta_j$$

其中,t 是消费者 i 采用产品 j 的时刻,α 是消费者在 t 时刻采用产品 j 的基准风险,X_{ijt} 是我们在上一节中总结的关于消费者在 t 时刻采用产品 j 的协变量,β_j 则为估计的协变量的系数。和以往的文献(Cameron and Trivedi, 2005)类似,我们采用下式来计算消费者在 t 时刻关于产品 j 的风险率 $h(t/X_{ijt})$:

$$h(t|X_{ijt}) = \lim_{\Delta t \to 0} \frac{F[t \leqslant T < t+\Delta t | T \geqslant t]_{ij}}{\Delta t} = \frac{\mathrm{d}F(t)_{ij}}{\mathrm{d}t}$$

其中 $F(t)_{ij}$ 代表所有消费者在 t 时刻购买产品 j 的累积函数。

由于我们的样本中包含了多种产品,消费者对于产品的偏好会有很大的差异,因此,产品的差异性是我们建模过程中必须要考虑的一个重要因素。借鉴以往的研究(Rondeau et al., 2006; Rondeau et al., 2012),我们把消费者对于不同产品的偏好用消费者在不同产品上的随机效应来界定,我们用 α_0 表示消费者对于产品的平均偏好,ε_j 则代表消费者对于不同产品 j 的偏好,满足正态分布,即 $\varepsilon_j \sim (0, E)$,则消费者的基准风险率可以分解为:

$$\alpha = \alpha_0 + \varepsilon_j$$

类似于以往关于风险函数的估计方式(Cox, 1975; Cameron and Trivedi, 2005),我们采用偏似然估计来计算模型中的系数。在偏似然估

计的设定中,Cox(1975)把偏似然函数定位为 k 个有序失效时间上的联合乘积:

$$L(\beta) = \prod_{t=1}^{T} \frac{\prod_{i}^{i=D(t_j)} h(t \mid X_{ijt}, \beta)}{\prod_{i}^{i=R(t_j)} h(t \mid X_{ijt}, \beta)}$$

其中风险集合 $R(t_j)$ 被定义为刚好在时间 t 时刻之前观测的、关于产品 j 所有失效的个体集合,而 $D(t_j)$ 则是在时间 t 时刻观测的、关于产品 j 所有失效的个体集合。Cox(1975)提出通过极小化偏似然函数来估计 β:

$$\ln(L(\beta)) = \sum_{t=1}^{T} \left[\sum_{i}^{i=D(t_j)} (\ln(h(t \mid X_{ijt}, \beta))) - \sum_{i}^{i=R(t_j)} (\ln(h(t \mid X_{ijt}, \beta))) \right]$$

由于我们的样本中包含删失变量,所以添加删失指示变量 δ_{ijt} 后为:

$$\ln(L(\beta)) = \sum_{t=1}^{T} \delta_{ijt} \left[\sum_{i}^{i=D(t_j)} (\ln(h(t \mid X_{ijt}, \beta))) - \sum_{i}^{i=R(t_j)} (\ln(h(t \mid X_{ijt}, \beta))) \right]$$

其中 δ_{ijt} 为 1 表示用户 i 在时刻 t 之前采用了产品 j,0 表示没有采用该产品。

第四节 数据分析

一、模型分析

我们首先在图 5-1 和图 5-2 中绘制了样本中进行回归的 22 种产品(随机选取的 12 种实用型产品和 10 种享乐型产品)的扩散曲线,图 5-3 和图 5-4 则展示了用户的采用风险。从图 5-1 和图 5-2 中我们不难看出,无论是实用型产品还是享乐型产品,消费者的扩散曲线并不符合传统的 S 形曲线,而是呈直线上升的扩散曲线。这一方面是由于企业平台方不断地向消费者推荐虚拟产品,另一个方面也是因为不断有新的消费者加入社区,消费者的基数在不断增大。这一点和实体产品有所不同,在传统商品的扩散中,大部分消费者都能比较好地了解产品的信息,消费者的基数大致是固定的。另外,图 5-3 是实用型产品的实证采用风险,图 5-4 是享乐型产品的实证采用风险,从图中我们可以看到随着时间的延长,消费者的采用风险在逐渐减弱。这也表明:在消费者固定情况下,尽管现阶段虚拟产品的扩散是逐渐增强的,但是从一个比较长的时间范围来看,扩散曲线会呈现 S 形。

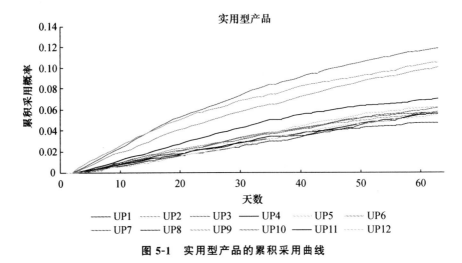

图 5-1 实用型产品的累积采用曲线

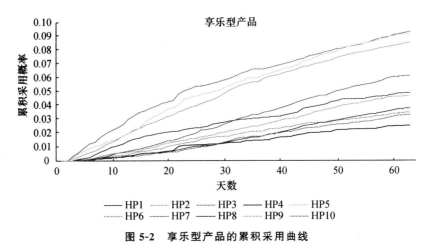

图 5-2 享乐型产品的累积采用曲线

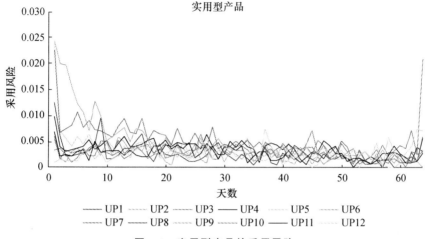

图 5-3 实用型产品的采用风险

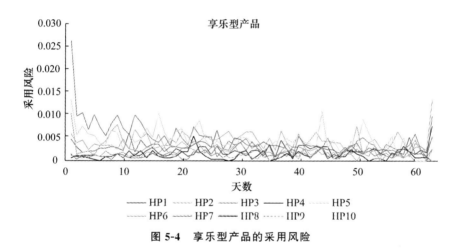

图 5-4 享乐型产品的采用风险

二、实证结果

（一）实用型虚拟产品

我们在表 5-1 中展示了回归结果，其中模型 0 代表了未包含任何自变量的模型，模型 1 代表了加入自变量"社会传染"后的回归结果，模型 2 则表示加入了变量"社会地位"之后的模型，模型 3 是加入了调节变量与自变量之后的模型。并且，对于相同的选择，各个模型之间的偏极大似然值的差值均很大,说明模型之间有显著性的差异,我们加入的变量有显著意义。

表 5-1 实用型产品回归结果

	模型 0	模型 1	模型 2	模型 3
关系时效	-0.11008^{*}	-0.1205^{*}	-0.131^{*}	-0.13262^{*}
同质性	2.25987^{**}	2.3349^{**}	2.14285^{**}	2.13401^{**}
关系强度	0.00308^{***}	0.00281^{***}	0.00233^{***}	0.00208^{***}
在线时间长度	$2.48E\text{-}07^{***}$	$5.95E\text{-}08^{***}$	$-3.57E\text{-}07^{***}$	$-3.53E\text{-}07^{***}$
虚拟性别	-1.25888^{*}	-1.17965^{*}	-1.04397^{*}	-1.03046^{*}
社会传染		0.01033^{**}	0.00761^{**}	0.02826^{**}
社会地位平方			$-9.11E\text{-}06^{**}$	$-5.26E\text{-}06^{**}$
社会地位			0.00901^{*}	0.00754^{*}
社会传染×社会地位平方				$-3.70E\text{-}08^{**}$
社会传染×社会地位				0.0000657^{**}
E	0.1548^{***}	0.1269^{***}	0.1434^{***}	0.1314^{***}
偏极大似然值(LL)	$-110\,682.1$	$-109\,881.2$	$-108\,861.5$	$-108\,635.5$

注:$^{*}p<0.05$,$^{**}p<0.01$,$^{***}p<0.001$。

在我们的回归结果中,可以看到四个模型之间的随机效用 E(模型 0 为 0.1548,模型 1 为 0.1269,模型 2 为 0.1434,模型 3 为 0.1314)都是显著的($p<0.001$),这也就说明我们之前的关于不同产品的基础风险率有显著性差异的假设是正确的。模型 1 中社会传染的系数为 0.01033($p<0.01$),类似地,即使是在加入调节变量的模型 2 及模型 3 中,社会影响对于消费者采用的系数均为正值,说明社会影响对于实用型产品有着正向的传染作用,这也和以往的研究,如 Angst et al. (2010),Aral and Walker (2011),Du and Kamakura(2011),Iyengar et al. (2011) 和 Manchanda et al. (2008)等相似。

接着,我们分析社会阶层对于消费者采用实用型产品的调节作用,从模型 3 中,我们可以看出,交互项"社会传染×社会地位平方"的系数为 $-3.70E\text{-}08$($p<0.01$),而"社会传染×社会地位"的系数为 0.0000657

($p<0.01$),这说明消费者的社会地位对于其他消费者社会传染的调节作用为倒 U 形,即对于实用型产品来说,中间阶层的消费者相比于高、低社会阶层的消费者更容易受到社会传染的影响,假设 H2a 得到了实证证明。

为了更好地反映社会阶层对于社会影响的调节作用,运用我们实证得到的关于"社会传染×社会地位平方""社会传染×社会地位"的系数,以及消费者社会地位的取值范围,我们在图 5-5 中绘制了采用风险对于社会传染的偏导数。从图中可以清晰地看出,社会地位对于社会传染的倒 U 形调节作用。

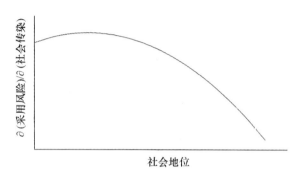

图 5-5 实用型产品的社会地位和 ∂(采用风险)$/\partial$(社会传染)

(二)享乐型虚拟产品

表 5-2 展示了享乐型产品的回归结果。同实用型产品一样,模型 0 代表了未包含任何自变量的模型,模型 1 代表了加入自变量"社会传染"后的回归结果,模型 2 则表示加入了变量"社会地位"之后的模型,模型 3 是加入了调节变量与自变量之后的模型。并且,对于相同的选择,各个模型之间的偏极大似然值的差值均很大,说明模型之间有显著性的差异,我们加入的变量有显著意义。

表 5-2 享乐型产品回归结果

	模型 0	模型 1	模型 2	模型 3
关系时效		−0.11132*	−0.12647*	−0.13687*	−0.13975*
同质性		2.6917**	2.82038**	2.57943**	2.57097**

(续表)

	模型 0	模型 1	模型 2	模型 3
关系强度	0.0037***	0.00373***	0.00327***	0.00311***
在线时间长度	3.04E-07***	9.46E-08***	−4.02E-07***	−3.85E-07***
虚拟性别	−1.39686*	−1.3268*	−1.1399*	−1.11573*
社会传染		0.01258**	0.00294**	0.03402**
社会地位平方			−8.42E-06***	−3.77E-06*
社会地位			0.01081*	0.00865*
社会传染×社会地位平方				4.61E-08*
社会传染×社会地位				−0.0000886*
E	2.9848***	2.4902***	2.9534***	2.7435***
偏极大似然值(LL)	−27 341.4	−26 990.8	−26 517.6	−26 396.2

注：* $p<0.05$，** $p<0.01$，*** $p<0.001$。

类似于讨论实用型产品的回归结果，在享乐型产品的回归结果中，我们可以看到四个模型之间的随机效用 E（模型 0 为 2.9848，模型 1 为 2.4902，模型 2 为 2.9534，模型 3 为 2.7435）都是显著的（$p<0.001$），这也就是说明我们之前的关于不同产品的基础风险率有显著性差异的假设是正确的。但是它们的数值相对于实用型的随机效应增大很多，这说明在样本中消费者对于享乐型产品之间的基础风险率差别比实用型产品之间的基础风险率差别要大。从模型 1 中，我们看出社会传染的系数为 0.01258（$p<0.01$），类似地，即使是在加入调节变量的模型 2 及模型 3 中，社会影响对于消费者采用的系数均为正值，这说明社会影响对于实用型产品有着正向的传染作用，我们也补充了以往关于享乐型产品研究的缺失。

接着，我们分析社会阶层对于消费者采用享乐型产品的调节作用，从模型 3 中可以看出，交互项"社会传染×社会地位平方"的系数为 4.61E-08（$p<0.05$），而"社会传染×社会地位"的系数为 −0.0000886（$p<0.05$），这说明消费者的社会地位对于其他消费者社会传染的影响为正 U 形的调节作用，即对于享乐型产品来说，高、低社会阶层的消费者比中间

阶层的消费者更容易受到社会传染的影响,假设 H2b 得到了实证证明。

为了更好地反映社会阶层对于社会影响的正 U 形调节作用,类似于使用实用型产品的作图方式,我们运用实证得到的关于"社会传染×社会地位平方"及"社会传染×社会地位"的系数,同时整理消费者社会地位的取值范围,在图 5-6 中绘制了采用风险对于社会传染的偏导数。从图中可以清晰地看出,社会地位对于社会传染具有倒 U 形的调节作用。

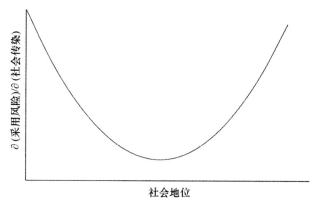

图 5-6　享乐型产品的社会地位和 $\partial($采用风险$)/\partial($社会传染$)$

三、有效性检验

在我们的样本中,包含了 12 种实用型产品和 10 种享乐型产品,尽管我们在模型设定时把产品之间设定为独立的(Oppewal et al., 1994; Vaida and Xu, 2000),但是实际上产品之间可能会存在一定的关系,比如互补关系,因而两者的采用就会存在一定的关联关系,也就是说,我们的样本可能存在着一定的不稳定性。因此,仿照以往研究的处理方式,我们对样本的稳定性进行检验。我们分别把样本进行分解,即首先选择一半的产品。具体地说,对于实用型产品,我们首先随机选择 6 种产品进行回归,相关系数见表 5-3,之后我们再选择其中的一种进行回归,见表 5-5;同样的道理,我们对于享乐型产品也采取类似的方式,先随机回归一半的样本(见表 5-4),然后再选择其中的一种产品作为我们估计的样本(见表 5-6)。

对于实用型产品,从表 5-3 的模型 1 看出,社会传染的影响系数为 0.00948($p<0.01$),这说明在实用型产品的情境下,社会传染对于消费者的采用有正向影响作用;而在模型 3 中,社会地位对社会传染的调节项——"社会传染×社会地位平方"的系数为 $-3.56\text{E-}08$($p<0.01$),"社会传染×社会地位"的系数为 0.0000605($p<0.05$),这也验证了倒 U 形的调节作用。类似地,我们也可以在表 5-5 中得到相同的结论,这也就说明单个样本的回归结果和我们总体样本的结果符号相一致。

表 5-3 实用型产品回归结果(一半样本)

	模型 0	模型 1	模型 2	模型 3
关系时效	-0.11475^*	-0.1247^*	-0.13385^*	-0.13547^*
同质性	2.43769^{**}	2.51587^{**}	2.36863^{**}	2.36587^{**}
关系强度	0.00274^{***}	0.00245^{***}	0.002^{***}	0.00173^{***}
在线时间长度	$2.46\text{E-}07^{***}$	$4.29\text{E-}08^{***}$	$-3.78\text{E-}07^{***}$	$-3.81\text{E-}07^{**}$
虚拟性别	-1.37273^*	-1.28967^*	-1.17502^*	-1.15814^*
社会传染		0.00948^{**}	0.00637^{**}	0.02417^{**}
社会地位平方			$-9.33\text{E-}06^*$	$-5.58\text{E-}06^*$
社会地位			0.00893^*	0.00769^*
社会传染×社会地位平方				$-3.56\text{E-}08^{**}$
社会传染×社会地位				0.0000605^*
E	0.1169^{**}	0.08166^{**}	0.09346^{**}	0.0838
				0.08166^{**}
偏极大似然值(LL)	$-62\,495.3$	$-62\,058.4$	$-61\,518.8$	$-61\,382.4$

注: $^*\,p<0.05$, $^{**}\,p<0.01$, $^{***}\,p<0.001$。

对于享乐型产品,从表 5-4 中的模型 1 我们看出对于一半的产品回归,社会传染的影响系数为 0.01275($p<0.01$),这说明在享乐型产品的情境下,社会传染对于消费者的采用有正向影响作用;而在模型 3 中,社会地位对社会传染的调节项"社会传染×社会地位平方"的系数为 $4.57\text{E-}08$($p<0.001$),"社会传染×社会地位"的系数为 -0.000084($p<0.01$),这也验证了倒 U 形的调节作用。类似地,我们也可以在表 5-6 中得到相同的结论。这也就说明单个样本的结果和我们总体样本的回归结果符号

相一致。

表 5-4 享乐型产品回归结果(一半样本)

	模型 0	模型 1	模型 2	模型 3
关系时效	−0.11372*	−0.12927	−0.13983	−0.14209
同质性	2.73056**	2.85589	2.62861	2.61833
关系强度	0.00374***	0.00377***	0.00327***	0.00311***
在线时间长度	3.27E-07***	1.04E-07***	−3.59E-07***	−3.48E-07***
虚拟性别	−1.41894*	−1.34689*	−1.16966*	−1.14271*
社会传染		0.01275**	0.00514**	0.03317**
社会地位平方			−9.17E-06**	−4.57E-06**
社会地位			0.01063*	0.00869*
社会传染×社会地位平方				4.57E-08***
社会传染×社会地位				−0.000084**
k	0.3788***	0.2437***	0.2905***	0.2378***
偏极大似然值(LL)	−26 018.4	−25 666.4	−25 222.9	−25 121.9

注：* $p<0.05$，** $p<0.01$，*** $p<0.001$。

表 5-5 实用型产品回归结果(一个产品)

	模型 0	模型 1	模型 2	模型 3
关系时效	−0.12677*	−0.13427*	−0.13634*	−0.13712*
同质性	2.18355**	2.25124**	2.20179**	2.20728**
关系强度	0.0042**	0.00336**	0.00278**	0.00242**
在线时间长度	1.04E-07	−2.84E-07***	−3.97E-07***	−4.25E-07***
虚拟性别	−1.37221*	−1.27692*	−1.25418*	−1.2519*
社会传染		0.01063**	0.011**	0.03045**
社会地位平方			−5.61E-06**	−5.94E-06**
社会地位			0.00356*	0.0008204
社会传染×社会地位平方				−3.31E-08**
社会传染×社会地位				0.0000773**
偏极大似然值(LL)	29 358.08	29 156.981	29 106.633	29 033.137

注：* $p<0.05$，** $p<0.01$，*** $p<0.001$。

表 5-6　享乐型产品回归结果(一个产品)

	模型 0	模型 1	模型 2	模型 3
关系时效	−0.09722*	−0.13553*	−0.16355*	−0.17009*
同质性	2.60751**	2.91461**	2.54685**	2.40892**
关系强度	0.00243**	0.0028**	0.00276	0.00273
在线时间长度	2.65E-07**	−4.87E-09	−4.09E-07**	−3.90E-07**
虚拟性别	−1.24537**	−1.17319**	−0.81628**	−0.81361**
社会传染		0.04084**	0.04085**	0.12807**
社会地位平方			−0.0000126*	−0.0000103**
社会地位			0.01303***	0.01233***
社会传染×社会地位平方				1.54E-07**
社会传染×社会地位				−0.000252**
偏极大似然值(LL)	4 853.662	4 669.75	4 449.382	4 385.989

注：* $p<0.05$，** $p<0.01$，*** $p<0.001$。

第五节　讨论和小结

本章的主要目的是探究社会传染在虚拟社区环境下对于不同类型的产品是否有不同的影响。以来自国内某大型虚拟世界运营商内部某一服务器上的 64 天数据为样本，我们发现:(1) 来自其他消费者的关于产品的社会传染不仅会作用于实用型产品，也会作用于享乐型产品;(2) 对于实用型产品，比起高、低社会阶层的消费者，社会传染对于中间阶层的消费者有着更强的作用;(3) 对于享乐型产品，比起中间社会阶层的消费者，社会传染对于高、低社会阶层的消费者有着更强的作用。

一、理论意义

我们的发现对于以往文献的贡献主要体现在以下四个方面。

第一，对于社会传染，我们把关于社会传染的研究拓展到虚拟社区的领域。以往的研究，如 Manchanda *et al*.(2008)和 Iyengar *et al*.(2011)指出，社会传染即使是在有广告促销的情况下依然能够对新产品的扩散起到正向的影响,但是以往的文献更多地研究现实世界的情况,尽管虚拟世界是以现实世界为蓝本设计出来的(Bainbridge,2007),但是,虚拟世界还是有自己的特点(Zhou et al.,2012a),因此,在新领域的情形下拓展社会传染的应用有着重要的理论意义,特别是在虚拟世界的产值越来越多的背景下(Chui et al.,2012)。我们的结果显示,社会传染在虚拟世界中依然能够起到作用。

第二,在虚拟世界的背景下,产品可以因为属性的不同而被区分为享乐型产品和实用型产品(Lehdonvirta,2009)。但是以往关于社会传染的研究多以现实世界中的实用型产品为主,并且都是一种产品(Angst et al.,2010;Burt,1987;Iyengar et al.,2011;Van den Bulte and Lilien,2001)或是一类产品(Du and Kamakura,2011),如药品(Iyengar et al.,2011)、医院信息系统等(Angst et al.,2010),并没有研究讨论社会传染对于享乐型产品的影响,而以往的研究已经证明消费者面对享乐型产品和实用型产品会有不同的反应机制(Holbrook and Hirschman,1982;Okada,2005;Dhar and Wertenbroch,2000)。在本章中,我们分别检查了不同类型下社会传染的不同影响路径,研究结果发现,无论是对于实用型产品还是享乐型产品,社会影响都有着正向的影响作用。

第三,我们发现不同类型的消费者对于社会传染有着不同的易感特征。在我们的研究中,对于享乐型产品,中间社会阶层的消费者的采用意向比高、低社会阶层的消费者要低;而对于实用型产品,中间阶层的消费者有着比处于高、低社会阶层的消费者更高的采用意向。尽管以往的研究已经发现对于实用型产品,中间社会阶层消费者有着更强的采用意愿(Hu and Van den Bulte,2014),但是以往的文献并没有探究在享乐型产品的情境下,不同类型的消费者会有怎样的反应机制,我们的研究弥补了这一不足。

第四,我们的研究也有利于企业的定位战略。例如,以往的研究,如Hinz et al.(2011),Libai et al.(2009)和Van der Lans et al.(2010)等,多用电脑模拟和概念模型来探究企业更应该定位哪种类型的消费者。本章的研究结果表明,企业应该把消费者的社会地位作为定位的依据之一,并且在针对不同类型的消费者营销时,企业的定位策略还应有所调整。具体地说,对于实用型产品,应该把重点放在中间社会阶层的消费者,而对于享乐型产品,应该把重心放在高层和低层消费者身上。

二、实践意义

我们的研究也为营销经理们提供了很有借鉴意义的结论。以往的研究表明社会传染对实用型产品中的扩散有着很重要的作用,本章的研究结果表明,社会传染不仅可以作用于实用型产品,而且可以作用于享乐型产品,这拓展了营销经理们可以应用社会传染的场景。另外,在以往的关于虚拟世界的情景下,营销经理们并没有利用用户的社会地位作为鉴定消费者易感性的标识,社会地位更多地是作为用户积累的一个体现。在本章中,我们发现消费者的社会地位能够作为消费者采用的一个预测指标,在实际的营销中,应针对不同社会阶层的消费者采用不同的影响策略:具体地说,对于实用型产品,企业应该把营销的对象集中在中间社会阶层的消费者;而对于享乐型产品,企业应该以高、低社会阶层的消费者作为营销的主攻对象。

第六章 产品差异化情境下的社会传染差异化影响

第一节 研 究 问 题

社会传染在新产品的扩散过程中有着重要的作用(Aral and Walker, 2011; Christakis and Fowler, 2013),以往的研究证明社会影响能够显著增强新产品扩散的速度(Bass, 1969; Mahajan et al., 1990),即使是在考虑企业其他营销措施的情况下,社会影响依然是影响消费者决策的重要因素(Iyengar et al., 2011; Manchanda et al., 2008)。例如 Manchanda et al. (2008)考察了大众媒体和社会传染对于医生采用新药品的影响,他们的结果发现,公关企业的营销策略对于医生的采用有着重要的影响,但社会影响也能够起到很显著的正向影响。Iyengar et al. (2011)在探讨消费者对于新产品的采用时,同样也控制了企业对于医生的广告宣传,他们的研究同样也证实社会影响对于医生采用新药品有着非常显著的影响。同样地,其他的关于社会影响的研究,如 Aral and Walker(2014)和 Brown and Reingen(1987)关注了影响者和被影响者之间的关系:关系的强度、同质性；Burt(1987)关注了被影响者的网络结构：网络内聚力和结构相似性；Angst et al.(2010)关注了被影响者的个体特征：大小、年龄；Risselada et al.(2014)关注了社会传染的动态影响；Du and Kamakura(2011)认为社会传染具有时间和空间的限制：即只能在一定的时间内和空间内发挥作用；Aral and Walker(2012)用大数据同时测度了影响者的传染效应与被传染者的易感效应。这些研究都表明，社会影响在新产品的扩散中有着重要的作用。

但是，以往的文献在讨论问题以及验证研究假设时多采用来自一种产品的数据，如著名的来自四环素的数据(Bass，1969；Burt，1987；Van den Bulte and Lilien，2001)，或是一类产品的数据(Du and Kamakura，2011)。这些研究隐藏着一个很重要的假设，即产品之间是独立的，因为采用一种产品作为估计样本时不存在产品多样性在扩散时相互影响的问题。Du and Kamakura(2011)的研究对不同类型的产品分开进行单独估计，他们隐含的假设也是产品之间是独立的。然而，企业在实际推出新产品时，往往会推出多种类型的产品，消费者也就会面临着多种产品选择。比如，苹果手机在推出每一代的新产品时都会有多种颜色的选择，如白色、灰色和金色等；汽车公司在推出某一型号的产品时，会根据消费者的需求生产不同配置的产品；即使是在快消品行业，很多企业也会推出不同类型的相似的产品，如酒类企业会推出不同容量的瓶装酒，如125毫升、250毫升和500毫升等；再如我们更为常见的服装企业等，会推出不同颜色的衣服。在这种情况下就需要考虑同一品类内部的产品，在估算社会传染时是否可以归为一类。如果可以归为一类，其他消费者的社会传染，对于不同的产品是否会有不同的传染效应？这也是本章所关注的第一个层面的问题。

消费者对于企业推出的不同类型的产品会有不同的偏好，因此对于企业来说，寻找最有可能的易感消费者，并通过社会传染的方式影响消费者的采用决策是现阶段企业采用的重要策略(Pacheco，2012；Van den Bulte and Stremersch，2004)。通过鉴定易感消费者的个人特征来鉴定消费者是一种非常重要且有效的途径(Angst et al.,2010;Hu and Van den Bulte,2014;Iyengar et al.,2011)。同样地,本书采用类似的逻辑,在上一章研究的基础上(区分不同类型的产品:实用型产品 VS 享乐型产品),着重鉴定不同社会地位的消费者是否对于同一品类内不同的产品有不同的偏好。因此,本章的第二个层面的问题就是,面对不同的消费者类型(如社会地位),社会影响对于消费者采用不同类型的产品会有怎样的影响。

类似于上一章的安排,我们首先在理论背景中回顾本章所使用的文献,并在此基础上推导出本章的研究假设;接着,在研究方法中,重点展示研究数据和研究方法;之后,通过数据分析结果来检验我们的假设;最后,详细阐述本章结论的理论意义和实践作用。

第二节　理 论 背 景

一、社会传染

社会传染是指被影响者在接触到影响者的采用(感染)信息之后行为的改变。以往的研究(Iyengar et al.,2015;Van den Bulte and Wuyts,2007)表明,社会传染主要从两个方面影响被影响者:信息性影响和规范性影响。

尽管以往的关于社会影响的研究有很多,但是正如我们在上一节中所强调的,以往的文献主要关注于一种产品(Iyengar et al.,2015;Iyengar et al.,2011;Manchanda et al.,2008;Van den Bulte and Lilien,2001)或是一类产品(Du and Kamakura,2011),没有关于社会影响在不同产品之间的影响。在本章中,我们专注讨论社会影响在产品差异不是太大的产品(同一品类的不同产品)之间的不同影响,即社会传染在面对产品多样性时的影响机制。

二、产品多样性

产品多样性是指企业在一段时间内基于同一产品线或是产品类型所推出的不同式样、不同型号的产品组合(Patel and Jayaram,2014)。产品多样性在以往的研究受到很大的重视,不同学者的侧重点不同。如 Fisher and Ittner(1999)和 Fisher et al.(1999)主张从两个维度来定位产品的多样性,即在某个特定的时间内,企业可以为消费者提供的产品的宽幅和该企业用新产品更替旧产品的速率;Martin and Ishii(2002)则从另一个角度研究产品多样性:空间多样性和世代多样性。空间多样性强调企业在一定时点上向市场提供的产品的多样性,而世代多样性则是指企业未来不同世代产品的多样性。尽管产品多样性是一个备受关注的研究领域,但是以往的文献并没有达成一个非常一致的定义。在本章中,由于我们研究的是产品之间有比较小差异的情境,因此那些产品之间有比较大差异的情境则不在我们本次研究的范畴。因此,我们采用 Randall and Ulrich(2001)的定义,把产品的多样性定位于企业在同一时间点上向消费者提供的同一产品的不同版本,即只考虑产品多样性的空间多样性,这些产品的大部分功能和样式都很相似,仅仅在某些比较小的方面会有一些差别,如同一系列的 iPhone 手机会有不同的颜色差别,同一款式的鞋子会有不同的颜色可供选择。

关于产品多样性的研究目前吸引了很多学者的关注。如 Fisher et al.(1999)以汽车的刹车系统为例探讨了产品多样性和部件共享的关系,他们通过数学建模的方法发现,最佳数量的刹车盘是和车辆的重量、销售量、固定组件设计、模具成本、固定成本和产品多样性等因素相关的。Berger et al.(2007)从消费者感知的视角出发,发现那些为消费者提供产品多样性的品牌,能够使得消费者对它们的感知更为专业,在同类产品中更有竞争力,这也就意味着产品多样性能够增强消费者的购买可能性。Patel and Jayaram(2014)发现尽管企业增加产品的多样性能够提升消费者购买的可能性,但是增加多样性也会在很大程度上提升企业的成本,从而使得产品多样性对于业绩的提升呈现倒 U 形作用。尽管现有的关于产品多样性的研究很多,但是我们不难发现,以往的关于产品多样性的研究多集中在产品设计角度。如 Berger et al.(2007)发现增强产品多样性能够有效增强消费者对于企业产品的感知,提高消费者的购买意愿;Villas-Boas(2009)通过理论建模的方式评估了产品多样性和产品价格的关系,并依据企业产品的不同为企业提供了不同的产品多样性和产品价格的组合,没有探究不同类型的消费者对于产品多样性的接受程度。因此,本章并不从产品设计的角度出发考虑产品的多样性,而是基于已有的产品多样性,探究同一品类内部的已采用者对于潜在消费者采用不同的产品是否有传染效应,以及在面对不同的产品时,不同类型的消费者是否会有不同的采用偏好。

三、社会认同理论和独特性需求理论

社会认同理论是一个涉及消费者自身概念、群体以及群体间行为的理论框架(Holyoak,2002;Tajfel,2010)。社会认同理论的核心假设就是群体中的成员资格会成为成员自身特征的一部分,依照群体而界定的自我感知会对成员的社会行为产生独特的心理影响。Tajfel(2010)将社会认同界定为:"个体认识到他(或她)属于特定的社会群体,同时也认识到作为群体成员带给他/她的情感和价值意义。"在很大程度上,归属于某个群体(无论它的规模和分布如何)在很大程度上是一种心理状态,这种状态与个体独自一人时的心理状态截然不同,归属于一个群体就会获得一种社会认同,或者说是一种共享的/集体的表征,它关乎的是"你是谁""你应该怎样行事才是恰当的"。与社会认同相关联的心理过程会带来明显的"群体"行为,例如,群体内部的团结、对群体规范的遵从,以及对外群的歧视等。对于消费者来说,他们会通过采用与其他消费者相似产品的方式,来拉近相互之间的关系(Cialdini and Goldstein, 2004; Raghunathan and Corfman, 2006),对于相同产品的使用,不仅能够让双方可以交流的话题增多,而且能够让双方有一种情感上的靠近(Raghunathan and Corfman,2006)。这种影响可以是信息层面的,也可以是群体成员之间的规范性层面的(Deutsch and Gerard,1955)。因此,许多消费者受到群体的影响,发生了与其他消费者相似的行为,从而使得自己在群体中的认同感得到增强(Bhattacharya et al.,1995);同时,个体通过实现或维持积极的社会认同来提高自尊,提升自己对群体的认同度和满意度(Tajfel,2010)。

但是另一方面,消费者也会有其他的需求,就个人特征的方面,消费者总有一些希望自己不同于群体内其他消费者的意愿(Lynn and Snyder,2002)。正如 Homburg et al.(2009)所指出的那样,任何一个群体内的消费者都会从两个方面来定义自身的属性,一个是群体的特征,另一个则是个人的特征。和群体内的其他消费者有一定的相似度固然不仅能够使得双方可以交流的话题增多,而且让双方有一种情感上的靠近(Raghunathan and Corfman,2006),但是,如果双方的采用太相似,那就会使得消费者之间难以得到区分,就会产生一些负面的效应(Snyder and Fromkin,1980)。并且以往的研究也已经证明,那些有着很高需求的消费者会倾向于使用那些更加稀少或是不同的产品来表现自己的独特性(Lynn and Harris,1997;Tian et al.,2001),因为他们感觉到自己在群体内的独特性受到了威胁(White and Argo,2011),并且 *Journal of Marketing* 还有一期专刊讨论群体认同与自身独特性认知的冲突(Escalas et al.,2013)。如 White et al.(2012)指出,消费者的过度相似会带来社会认同的威胁,使得消费者有意识地降低这种相似性。因此,对于任何一个消费者来说,一方面他既想要融入群体,增强对于群体的认同感,另一方面他也想通过一些其他的方式来表现自己的独特性(Chan et al.,2012),并且他们的独特性会因个人的不同而不同,如自我感知的不同(Townsend and Sood,2012)。

四、研究假设

社会传染和产品多样性:由于我们主要研究的是企业在同一时间点

上向消费者提供同一产品的不同版本的情境(Randall and Ulrich, 2001),如苹果公司在同一系列的手机中会有不同的颜色或型号,新百伦对于同一款鞋子推出的不同颜色和型号等,为了简单起见,我们把消费者的选择做简化处理:把消费者的选择分为流行性产品和非流行性产品。所谓流行性产品是指在消费者周围的采用者中,对于该产品的采用比其他产品的采用都多,剩下的产品则为非流行性产品。在我们的划分中,产品是否流行是相对概念,会依据消费者网络中其他消费者采用情况的不同而不同。

关于社会传染的已有研究表明,采用者向被采用者主要传播两种信息:关于产品本身功能的信息和关于产品在群体内部所代表的群体规范性信息(Burnkrant and Cousineau, 1975; Deutsch and Gerard, 1955)。通过其他消费者的信息,消费者能够完善并确认自己关于产品的信息,同时也能认识到这个产品背后所蕴含的群体规范(Van den Bulte and Wuyts, 2007)。由于我们主要研究同一品类内的产品,不同产品之间的功能性差别不是太大,其他消费者向目标消费者提供的功能性信息都能很好地识别企业的产品,社会传染的主要差异是消费者的选择是否和其他选择相一致,即群体之间是否有进一步归属的关系。也就是说,消费者在这种情况下做出的产品选择主要是基于自身的偏好和社会传染所反映出来的群体内的不同规范。

在面对同一品类内部不同的产品时,消费者会接触到其他消费者的传染效应,从而能够区分出什么是流行性产品或是非流行性产品,尽管其他消费者所传递的规范性信息有所不同,但是他们都向消费者传递了产品在群体中被采用的信息,并且由于是同一类的产品,都可以拉近焦点消费者和其他消费者的心理距离和亲近感(Raghunathan and Corfman, 2006)。因此,我们可以把采用同一品类的产品作为一个整体,其他消费者采用同一品类的产品能够有效促进消费者采用该品类的产品。

但是社会影响对于流行性产品和非流行性产品的影响路径有一定区别。固然与其他消费者保持一致能够增强消费者的社会认同感(Homburg et al., 2009; Tajfel, 2010),增强与其他消费者的亲近感并避免有可能的惩罚(Van den Bulte and Wuyts, 2007),但是消费者也有着区别于其他消费者的需求(Chan et al., 2012; White et al., 2012),消费者也希望能够建立自己的特征,即消费者有着自己的独特性需求(Chan et al., 2012)。相比于流行性产品,非流行性产品的特性能够使得消费者既保持和其他消费者的一致性,又能在群体中体现出独特性。因此,相比于流行性产品,消费者更有意愿去采用非流行性产品。据此,我们可以得到:

假设4: 社会传染对于消费者采用流行性产品和非流行性产品都有正向影响,但是对于非流行性产品的影响更大。

接着,我们期望能够通过鉴定消费者的个人特征,使得社会传染的效用更加明晰。因此,同上一章类似,我们分析消费者的个人社会地位,对于社会传染影响消费者采用的调节作用。社会地位是指个人在社会群体中基于社会声望和尊重而被评估的位置(Turner, 1988),以往的很多文献(Gould, 2003; De Botton, 2008; Newman, 1988)都已证明社会阶层处于中间水平的消费者更容易产生焦虑,对于那些能够体现群体规范的产品有着更强的采用可能(Hu and Van den Bulte, 2014),这种现象被称为中间社会阶层确认。

正如前文所论述,流行性产品相较于非流行性产品最大的特点就是产品的信息更为明确,群体内部关于产品的规范性信息也就会更为准确。在实用型产品的情境下,其他消费者采用流行性的实用型产品所产生的社会传染能够让消费者更加确定产品的实用功能;同样地,对于享乐型产品,其他消费者的传染信息能够让未采用的消费者更加明晰它的享乐功能。

基于上一章研究的推定,由于中间社会阶层的消费者对于自身社会阶层的关注更加强烈,因而对于那些能够提升自身社会地位的产品,如实用型产品,中间社会阶层的消费者相比于高、低社会阶层的消费者有着更强的采用意愿;对于享乐型产品,由于享乐型产品的消费更多地是满足自身的享乐需求,高、低社会阶层的消费者相比于中间社会阶层的消费者更有可能去采用享乐型产品。在面对流行性实用型产品时,由于产品的信息得到进一步确认,即产品对于提升消费者个人社会地位的信息得到了其他消费者的确认,产品对于消费者社会阶层的提升作用会更加明显,因此,相比于非流行产品,消费者的采用意愿会更强,其中中间社会阶层的采用意愿会更高。类似地,面对流行性享乐型产品,未采用消费者对于享乐型产品的感知意愿也会进一步增强,但是,相比于非流行产品,消费者的采用意愿会较低,其中中间社会阶层的采用意愿会更低。基于此,我们得到:

假设 5:社会地位对于社会传染的调节作用在流行性产品的情境下比非流行性产品更显著。具体地说,在实用型产品的情境下,社会传染对于流行性实用型产品有着比非流行性实用型产品更为正向的调节作用;在享乐型产品的情境下,社会传染对于流行性享乐型产品有着比非流行享乐型产品更为负向的调节作用。

第三节 研 究 方 法

一、研究背景

我们采用同上一章研究一致的数据,数据来自国内某大型多玩家角色扮演游戏 2011 年 6 月 16 日至 9 月 17 日,共计 64 天内,消费者在某一新开服务器购买虚拟产品和其他活动的数据。我们从公司的后台得到了消费者的登录日志文件,这些日志文件记录了玩家在游戏中的所有行为。这些行为包括玩家相互之间的交互及内容、玩家登录及退出的时间、玩家购买虚拟产品的种类及时间等。一般来说,公司推出游戏的平均时间为三个月,因为三个月之后玩家会对产品变得熟悉,企业不得不上线一个新产品。由于玩家的数量及消费者基数非常大,有时同时在线的玩家可能会达到上百万,因此,企业会选择不同的服务器存储同一社区下的消费者行为。我们的数据即来自企业存储在某一服务器内部的数据,共包含

52 834 位玩家参与游戏,其中 7 520 位玩家发生了购买行为,占总人数的 14.23%,这 7 520 位玩家共发生了购买 154 896 次购买行为,平均每位玩家的购买次数 20.6 次,购买次数从 1 到 25 075 次不等,玩家购买的付费虚拟产品总计为 325 项;52 834 位玩家中有 14 914 位玩家发生了与其他玩家的交互行为,总计发生了 21 085 637 次玩家之间的互动,平均每人每天的互动次数为 6.23 次;另外,有 40 316 位玩家发生了交互性,总计进行了 23 643 561 次;玩家与虚拟平台的互动次数为 6.99 次。然后,我们汇总平台上玩家每天的社交性、交互性和消费者购买花费。由于消费者购买虚拟产品是企业收入的一种重要方式,因此,我们的研究重点就放在发生购买的 7 520 个消费者上面。

二、变量测量

在我们的数据中,并不是所有消费者都采用了虚拟产品,并且由于我们的数据并不完整,只包含了完整数据的一部分(三个月中的两个月),也就是说我们有一部分删失数据,因此,如果运用传统的回归方法建模,如线性回归或是逻辑回归,就会由于缺少部分样本而造成估计的偏差。因此,类似于上一章的研究,我们借鉴以往的类似研究(Du and Kamakura, 2011; Rondeau et al., 2012),采用风险模型来估计、验证我们的假设。风险模型是一种很好的估计删失数据的方法,在医学、保险及经济计量学中有着广泛的应用(Alignol and Latouche, 2015; Du and Kamakura, 2011)。另外,又由于我们的研究假设中消费者的选择不止只有采用或不采用(分别记为 1 和 0),而是分为三种状态,即不采用(记为 0)、采用流行产品(记为 1)和采用非流行性产品(记为 2),意味着采用流行性产品和非流行性产品之间存在着竞争关系,借鉴以往的研究(Bendle and Vandenbosch, 2014; Shane and Stuart, 2002),我们采用竞争风险模型来解决我们要研究的问题。同时,我们用多个产品来估计模型和假设的合理性。

接着,我们具体阐述风险模型所要测量的变量。

1. 主变量

产品多样性的鉴定：类似于产品品类的鉴定，我们也采用专家鉴定法来判断产品多样性。结合 Randall and Ulrich（2001）关于产品多样性的定义，即企业在同一时间点上向消费者提供同一产品的功能比较类似的不同版本的产品，我们在样本中寻找功能比较类似的产品。在上一章研究区分实用型产品和享乐型产品的基础上，结合虚拟产品的描述，我们请专家对于同一类型内部多样性的产品进行分类。具体地说，对于实用型产品的多样性，主要依据产品的功能相似性，如：

大（小）保灵丹：可以在灵玉商城和元宝商城买到，可以用于增长角色经验值，每天可使用 1 次，也可使用逆流瓶增加大（小）保灵丹使用次数。

类似地，我们也用相同的方法鉴定出不同类型的享乐产品，如：

大（小）喇叭：玩家可以在活动界面领取，有了它你可以在任何频道里以匿名方式畅所欲言，也可以在灵玉商城购买到该商品。

在我们的样本中，我们总计鉴定出了 10 种实用型产品品类（总计 32 种产品）和 8 种享乐型产品品类（共计 26 种产品），作为我们估计的样本。

虚拟产品的采用：假设企业平台方推出了比较相近的产品 j_1, j_2, j_3，…，如果消费者 i 采用产品 j_1，并且产品 j_1 是消费者所接触的已采用消费者（包含所有的产品 $j_1, j_2, j_3, \cdots$）中采用量最大的产品，则消费者 i 的采用为 1，如果不是采用量最大的品类子产品，则记为 2。他们的采用时间为从加入社区的那一天开始直到采用新产品之间的时间。对于那些没有采用的玩家，我们标记他们的采用行为为 0。他们在社区内的时间我们统计为自从他加入虚拟世界直到我们数据截止的时间（2011 年 9 月 17 日）。

社会传染：关于社会传染的测量，我们采用以往文献，如 Iyengar et al.（2011）和 Risselada et al.（2014）的方式，把社会传染定义为在消费者购买某种产品之前通过社会交互所接触到的产品的次数。具体到本章，我们探究品类内部不同产品之间的多样性影响，但由于品类内部产品的差别不是很大，同时我们在消费者的选择中区分了流行性产品和非流行性产品，因此，我们统计品类总体的社会传染，即对于任一消费者 i 在时

刻 t 采用某一产品 $j_1,j_2,j_3,\cdots$，我们统计他受到的社会传染可以用下式表示：

$$\sum_{t=1}^{T}\sum_{i_0=1}^{N} y_{ijt}\, w_{ii_0 t}\, z_{i_0 jt}$$

其中 y_{ijt} 表示消费者 i 是否在时刻 t 之前采用了产品 $j_1,j_2,j_3,\cdots$ 中的任一种，1 表示该消费者采用了该产品，0 表示没有采用；$z_{i_0 jt}$ 表示用户 i_0 是否在时刻 t 之前采用了产品 $j_1,j_2,j_3\cdots$ 中的任一种，同样地，1 表示该消费者采用了该产品，0 表示没有采用；$w_{ii_0 t}$ 表示消费者 i 是否和消费者 i_0 在时刻 t 之前建立了交互关系。尽管我们研究社会传染对品类内不同产品的影响作用，但是由于这些产品之间差别不是很大，且我们主要讨论以消费者自身网络为中心的不同流行度的产品，因此，在本章中我们并不详细区分同一品类内不同产品的差别，只是探讨整个品类对于目标消费者的社会传染。以往的研究已经探究了几种关于 $w_{ii_0 t}$ 的测量方式（Iyengar et al.，2011），如影响者采用的剂量等，在我们的研究背景下，我们更关注消费者之间的信息传递，只要消费者之间发生了交互行为，信息得到了流通，我们认为社会传染的作用就存在。因此，我们采用类似于 Iyengar et al.（2011）的测量方式，以消费者之间的交互作为我们测量 $w_{ii_0 t}$ 的标准。在我们的数据中，这些交互行为包含消费者之间的交流、交易、共同完成任务等。

社会地位：消费者的社会地位代表了群体内部其他消费者对于该消费者的尊敬程度，消费者的中心度表示消费者在整个网络中的重要程度，因此，仿照以往的研究，我们使用消费者的入度中心度作为消费者社会地位的测度。① 消费者的入度中心度高也就意味着消费者有更多的机会去接触其他消费者，受到的尊敬程度也会越高（Hu and Van den Bulte，2014）。我们用 SS_{it} 表示社会地位：

---

① 由于社会地位包含多个维度的测量（Turner，1988），入度中心度只能在一定程度上代表消费者的社会地位。因此，结合数据的实际情况，在文章的有效性检验部分我们用用户的等级作为测度消费者社会地位的标准。

$$SS_{it} = \sum_{i_0=1}^{n} w_{ii_0 t}$$

其中，$w_{ii_0 t}$ 表示消费者 i 是否和消费者 i_0 在时刻 t 之前建立了交互关系。

2. 控制变量

关系强度：关系强度代表了消费者之间发生关系的强弱，表示消费者之间有多大强度的信息或是规范得以传播（Steffes and Burgee，2009）。仿照以前的研究（Onnela et al.，2007），我们将目标消费者与其他消费者交流的平均次数作为消费者关系强度的测度：用 TS_{it} 表示：

$$TS_{it} = \frac{\sum_{i_0=1}^{n} TS_{ii_0 t} \times \delta_{ii_0}}{\sum_{i_0=1}^{n} \delta_{ii_0}}$$

其中，$TS_{ii_0 t}$ 表示消费者 i 在时刻 t 之前与消费者 i_0 发生的交互次数，δ_{ii_0} 是一个二元变量（0 或 1），表示 i 是否在时刻 t 之前与消费者 i_0 发生了交互行为。当然，在某些特殊情况下，如 $\sum_{i_0=1}^{n} \delta_{ii_0} = 0$ 时，则 $TS_{it} = 0$。

关系的同质性：同质性是指关系连接双方的相似性（Van den Bulte and Wuyts，2007）。依照以往的文献（Brown and Reingen，1987），我们用消费者之间的相似特征作为测量关系同质性的标准，在我们的数据里，包括虚拟性别、职业、门派、注册时间等。为了测量两个消费者之间的相似性，我们在每一个变量上赋值 0.25。如果两个消费者之间有着相同的特征，如相同的虚拟性别，则记为 1，如果没有则记为 0。之后，我们汇总加权得到每两个消费者之间的相似性，然后取他们的平均值，就得到以往研究中消费者与采用者之间的相似性，用 H_{it} 表示

$$H_{it} = \frac{\sum_{i_0=1}^{n} H_{ii_0 t} \times \delta_{ii_0} \times z_{i_0 jt}}{\sum_{i_0=1}^{n} \delta_{ii_0}}$$

其中，H_{ii_0t} 表示消费者 i 与消费者 i_0 的相似指数，z_{i_0jt} 表示用户 i_0 是否在时刻 t 之前采用了产品 j，δ_{ii_0} 是一个二元变量(0 或 1)，表示 i 是否在时刻 t 之前与消费者 i_0 发生了交互行为。当然，在我们的统计样本中，如果两者之间没有传染关系，则 H_{it} 的最小值为 0。

关系的时效性：Du and Kamakura(2011)指出社会影响具有时间和空间效用，但是在虚拟世界中，由于消费者处于一个平台上，相互之间的地理效用由用户之间的交互所代替，并且由于网络的特殊性而无法测量边际。因此，我们需要控制的就是用户之间关系的时效性。因为目标消费者和周边的很多消费者进行交互，受到周围很多消费者的影响，所以我们采用和关系同质性相似的测量，测量消费者和每一个其他用户最早开始交互的时间，然后求得平均值记为消费者与传染源关系的时效性，用 IT_{it} 表示：

$$IT_{it} = \frac{\sum_{i_0=1}^{n} IT_{ii_0t} \times \delta_{ii_0} \times z_{i_0jt}}{\sum_{i_0=1}^{n} \delta_{ii_0}}$$

其中，IT_{ii_0t} 表示消费者 i 在时刻 t 之前与消费者 i_0 建立关系的时间，z_{i_0jt} 表示用户 i_0 是否在时刻 t 之前采用了产品 j，δ_{ii_0} 是一个二元变量(0 或 1)，表示消费者 i 是否在时刻 t 之前与消费者 i_0 发生了交互行为。当然，如果两者之间没有传染效应，则 IT_{it} 的值为 0。

虚拟货币(M_{it})：我们也统计了可能影响消费者采用某一产品采用风险的其他变量，如消费者持有的虚拟货币。无论是在现实世界，还是在虚拟世界，消费者的经济水平，即他所持有的货币都是影响消费者是否购买的一个重要因素。又由于消费者购买产品是一个长期的效应，因此我们统计消费者在购买该产品之前每天平均收入，作为消费者虚拟货币的测量。

在线时间长度(T_{it})：一般来说，消费者在社会内的时间越长，越会积累更多的信息，形成自己对于产品的认知，进而影响其行为(Nitzan and Libai, 2011)。因此，控制消费者的在线时间长度对于检验消费者受到的社会影响有着重要的作用。在我们的样本中,我们能够得到消费者每天的登入与登出具体时间,汇总消费者在购买之前的在线总时间作为消费者在线时间长度的测量。

虚拟性别(G_i):我们用消费者在虚拟世界中的虚拟行为作为性别的测度,其中 1 代表男性消费者而 0 代表女性消费者,并且以往的研究,如 Cha(2009)已经证明,消费者的性别对于消费者采用虚拟产品有着系统性的影响。

三、研究模型

基础模型设定:相比于传统的线性回归和逻辑回归,风险模型能够很好地处理删失数据,以避免因为样本的缺失而造成的误差,同时鉴于我们的研究包含消费者的多重选择,并且风险模型也能很好地处理随时间变化的变量(Cameron and Trivedi, 2005),因此,我们采取以往文献中研究风险竞争模型的方法,构建消费者采用流行产品 j_1 的独立风险为 $h(t|X_{ij1t})$:

$$\ln(h(t \mid X_{ij1t})) = \alpha + X_{ij1t}\beta_j$$

其中,t 是消费者 i 采用产品 j_1 的时刻,α 是消费者在 t 时刻采用产品 j_1 的基准风险,X_{ijt} 是我们在上一节中总结的关于消费者在 t 时刻采用产品组合 j 的协变量,β_j 则为估计的协变量的系数。和以往的文献(Cameron and Trivedi, 2005)类似,我们采用下式来计算消费者在 t 时刻采用产品 j_1 的风险率 $h(t|X_{ij1t})$:

$$h(t \mid X_{ij1t}) = \lim_{\Delta t \to 0} \frac{F[t \leqslant T < t+\Delta t \mid T \geqslant t]_{ij1}}{\Delta t} = \frac{\mathrm{d}F(t)_{ij1}}{\mathrm{d}t}$$

其中 $F(t)_{ij1}$ 代表所有消费者在 t 时刻购买产品 j_1 的累积函数。

同理,我们得到非流行产品 j_2 的独立风险为 $h(t|X_{ij2t})$:

$$\ln(h(t \mid X_{ij2t})) = \alpha + X_{ij2t}\beta_j$$

$$h(t \mid X_{ij2t}) = \lim_{\Delta t \to 0} \frac{F[t \leqslant T < t+\Delta t \mid T \geqslant t]_{ij2}}{\Delta t} = \frac{\mathrm{d}F(t)_{ij2}}{\mathrm{d}t}$$

由于我们的样本由多个产品构成,消费者对于每个产品会有不同的偏好,如购买基本生活用品的可能性比购买一些大宗商品的可能性要高,也就是说消费者的基础购买率会因产品的不同而有所不同。但是传染的风险竞争模型只考虑一种产品,因此,我们应用 Zhou et al.(2012a)和 Zhou et al.(2011)的方法,把不同的产品设置成不同的层,对于不同的层,方程允许有不同的基础风险率:

$$\ln(h(t\mid X_{ij1t}))_j = \alpha_j + X_{ij1t}\beta_0$$

在这里,我们主要推断系数 β_0,以考察整体层面上消费者不同变量对于消费者采用的影响。由于我们主要关心不同变量对于消费者采用的影响,对于产品的差异并不太关注,因此,结合 Cox(1975)的分析方法,我们用偏似然估计的方法来估计我们的参数。

第四节 数据分析

一、模型分析

我们首先绘制消费者购买量最大的品类的产品的累积扩散曲线,在图 6-1 和图 6-2 中,我们分别展示了实用型产品:"大保灵丹"和"小保灵丹"的累积采用曲线和实证采用风险,其中"大保灵丹"为流行性产品,"小

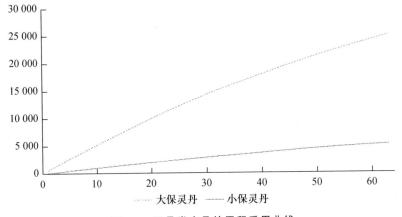

图 6-1 灵丹类产品的累积采用曲线

保灵丹"为非流行性产品;在图 6-3 和图 6-4 中,我们分别展示了享乐型性产品:"大喇叭"和"小喇叭"的累积采用曲线和实证采用风险,其中"小喇叭"为流行性产品,"大喇叭"为非流行性产品。

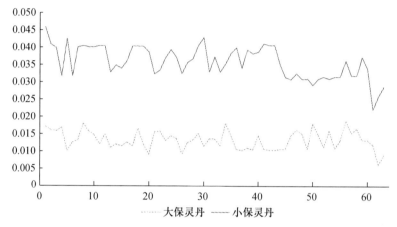

图 6-2　灵丹类产品的实证采用风险

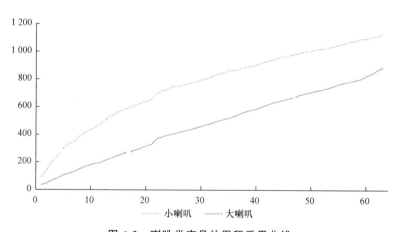

图 6-3　喇叭类产品的累积采用曲线

从图中我们不难看出,消费者的扩散曲线并不符合传统的 S 形,但这并不妨碍我们的估计,主要原因是企业平台方不断向消费者推荐虚拟产品,因而不断有新的消费者加入社区,消费者的基数在不断增大,而对于传统的商品,大部分消费者都能比较好地了解产品的信息,消费者基数大致固定,但是随着时间的延长他们的采用风险也是逐渐降低的,图 6-2 和

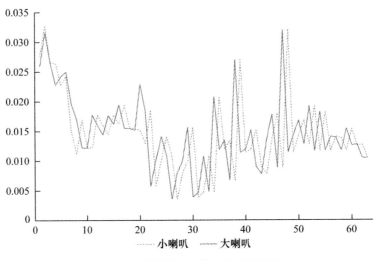

图 6-4 喇叭类产品的实证采用风险

图 6-4 中产品的采用风险逐渐减小可以证明我们的推论。

二、实证结果

本章关注社会传染对于消费者不同选择的影响,以及消费者个人社会地位的调节作用,但是由于消费者选择的不同,使得我们会针对不同的消费者展开对比分析。因此,我们借鉴 Iyengar et al. (2015)的研究,把协变量进行标准化,然后再进行回归。

(一)实用型产品

我们在表 6-1 中展示了实用型产品的估计结果。其中模型 0 代表未包含任何自变量的模型,模型 1 代表加入自变量"社会传染"后的回归结果,模型 2 则表示加入了变量"社会地位"之后的模型,模型 3 是加入了调节变量与自变量之后的模型。并且,对于相同的选择,各个模型之间的偏极大似然值的差值均大于 10,说明模型之间有显著性的差异,我们加入的变量有显著意义。

表 6-1 实用型产品回归结果

	模型 0		模型 1		模型 2		模型 3	
	流行性产品	非流行性产品	流行性产品	非流行性产品	流行性产品	非流行性产品	流行性产品	非流行性产品
关系时效	−2.4645***	−1.4065***	−2.53955***	−1.4432***	−2.5302***	−1.5549***	−2.55415***	−1.571***
同质性	0.99043***	0.5482***	1.02558***	0.7063***	1.00576***	0.61533***	1.00159***	0.60949***
关系强度	0.04499*	0.01271*	0.03104	−0.0032	0.01922	−0.0251	0.01208	−0.0369
在线时间长度	−0.0956*	−0.7212***	−0.27111***	−0.0187	−0.69797***	−0.3805***	−0.68152***	−0.3085***
虚拟货币	0.40725***	0.48929***	0.36676***	0.45355***	0.32669***	0.39944***	0.30344***	0.36618***
虚拟性别	−0.4204***	−0.1299	−0.40668***	−0.1384	−0.39149***	−0.1249*	−0.3929*	−0.133*
社会传染			0.20816***	0.27292***	−0.06311*	0.11266*	0.14424*	0.67252**
社会地位平方					−0.11548**	−0.1248**	−0.06757*	−0.0457**
社会地位					0.12078***	0.09492***	0.04784***	0.05431***
社会传染×社会地位平方							−0.2006***	−0.2364***
社会传染×社会地位							0.18356***	0.1574***
偏极大似然值(LL)	47 052.830	2 189.36	46 909.81	2 160.585	46 870.33	2 144.394	46 719.954	2 135.955

注：* $p<0.05$；** $p<0.01$；*** $p<0.001$。

从表 6-1 的模型 1 中,我们可以观察到,社会传染对于实用型流行性产品的影响系数为 0.20816($p<0.001$),而对于非流行性产品的影响系数为 0.27292($p<0.001$),这表明社会传染无论是对于流行性产品还是非流行性产品,均有着正向的影响作用。也就是说,随着消费者周围采用人数的增加(无论是流行性产品还是非流行性产品),消费者采用的概率都会增大。当我们比较社会影响对于流行性产品和非流行性产品的影响时,我们借鉴 Bendle and Vandenbosch(2014)和 Cameron and Trivedi(2005)关于风险竞争模型中不同选择的系数解释,从而可以直观地比较社会传染对于这两种商品的不同影响系数。这说明在同样的情况下,消费者更有可能采用非流行性产品。因此,假设 4 的结论对于实用型产品是成立的。

在模型 3 中,我们可以看到,对于流行性产品,社会地位对社会传染的调节项"社会传染×社会地位平方"的系数为 0.2006($p<0.001$),"社会传染×社会地位"的系数为 0.18356($p<0.001$),我们把调节效应取得消费者社会地位的最高点(0.457527418)代入,得到对于流行性产品社会地位的最大调节效应为 0.041991866;而对于非流行性产品,社会地位对社会传染的调节项"社会传染×社会地位平方"的系数为 -0.2364($p<0.05$),"社会传染×社会地位"的系数为 0.1574($p<0.001$),我们把调节效应取得消费者社会地位的最高点(0.332910321)代入,得到对于非流行性产品社会地位的最大调节效应为 0.026200042。很显然,社会地位对于社会传染的调节,在实用型产品的情境下,对于流行性产品更为显著。因此,对于实用型产品,我们的研究结果支持假设 5:社会地位对于社会传染的调节在流行性产品的情况下比非流行性产品更显著。

(二)享乐型产品

我们在表 6-2 中展示了针对享乐型产品的估计结果。同实用型产品的结果表述一致,模型 0 代表了未包含任何自变量的模型,模型 1 代表了加入自变量"社会传染"后的回归结果,模型 2 则表示加入了变量"社会地位"之后的模型,模型 3 是加入了调节变量与自变量之后的模型。

表 6-2 享乐型产品回归结果

	模型 0		模型 1		模型 2		模型 3	
	流行性产品	非流行性产品	流行性产品	非流行性产品	流行性产品	非流行性产品	流行性产品	非流行性产品
关系时效	-2.50373***	-1.34488***	-2.58727***	-1.44421***	-2.58222***	-1.48362***	-2.60118***	-1.50391***
同质性	0.98279***	0.63183***	1.02113***	0.66547***	1.00516***	0.59551***	1.00167***	0.58823***
关系强度	0.04412*	-0.02669	0.03072	-0.04434	0.02169	-0.06313	0.0161	-0.06944
在线时间长度	0.38508***	0.54705***	0.33802***	0.49334***	0.29879***	0.40839***	0.27658***	0.3764***
虚拟货币	-0.0713	0.10059	-0.26586**	-0.08949	-0.5345***	-0.26876**	-0.52894***	-0.22449***
虚拟性别	-0.4281***	-0.14344	-0.41229***	-0.15514***	-0.40112***	-0.14791***	-0.40236***	-0.15131***
社会传染			0.25899**	0.31779***	0.07088*	0.29216***	0.30245***	0.80178***
社会地位					-0.10091***	-0.16399***	-0.0339	-0.08167
社会地位平方					0.077376***	0.077659***	0.070032***	0.0508
社会传染×社会地位							0.1939***	0.2676***
社会传染×社会地位平方							-0.183***	-0.1041***
偏极大似然值(LL)	45459.447	1986.067	45293.708	1967.664	45220.745	1954.540	45170.952	1949.279

注: * $p<0.05$; ** $p<0.01$; *** $p<0.001$。

从表 6-2 的模型 1 中，我们可以观察到，社会传染对于享乐型流行性产品的影响系数 0.25899（$p<0.001$），而对于非流行性产品的影响系数为 0.31779（$p<0.001$），这表明社会传染无论是对于流行性产品还是非流行性产品，均有着正向的影响作用。也就是说，随着消费者周围采用人数的增加（无论是流行性产品还是非流行性产品），消费者采用的概率都会增大。同样地，我们可以直观地比较社会传染对于这两种商品的不同影响系数，这说明假设 4 的结论对于享乐型产品也是成立的。

在模型 3 中，我们可以看到，对于流行性产品，社会地位对社会传染的调节项"社会传染×社会地位平方"的系数为 0.1939（$p<0.001$），"社会传染×社会地位"的系数为 -0.183（$p<0.001$），我们把调节效应取得消费者社会地位的最高点（0.471892728）代入，得到对于流行性产品社会地位的最大调节效应为 -0.043178185；而对于非流行性产品，社会地位对社会传染的调节项"社会传染×社会地位平方"的系数为 0.2676（$p<0.001$），"社会传染×社会地位"的系数为 -0.1041（$p<0.001$），我们把调节效应取得消费者社会地位的最高点（0.194506726）代入，得到对于流行性产品社会地位的最大调节效应为 -0.010124075。很显然，社会地位对于社会传染的调节在流行性产品的情境下更为显著。因此，总结来说，无论是对于实用型产品还是享乐型产品，我们的研究结果支持了假设 5：社会地位对于社会传染的调节在流行性产品的情况下比非流行性产品更显著。

三、有效性检验

由于我们的样本中含有 10 种类型的实用型产品组合和 8 种类型的享乐型产品组合，在估计的时候我们把所有的样本放在一起估计，并采用分层估计的方法来计算总体的特征（Zhou et al., 2012a；Zhou et al., 2011）。因为样本品类的不同可能会导致消费者购买的不同，这也就可能造成样本估计的稳定性问题。因此，为了保证回归结果的稳定性，同上一章的研究类似，我们把样本进行分解，即首先选择一半的产品，5 种实用型品类的产品作为我们的样本(见表6-3)和4种享乐型品类的产品(见表6-4)作为我们的样本;然后再随机选择一种品类的产品(包含实用型产品和享乐型产品)作为我们估计的样本(见表6-5和表6-6)。

对于实用型产品,从表6-3和表6-5中我们可以看到社会传染的影响系数在各个模型中都是正的,这表明同我们选择的样本总体一样,社会传染无论对于流行性产品还是非流行性产品都呈正向影响。另外,从表6-3和表6-5的模型1中,我们均可以看到非流行性产品的系数均大于流行性产品的系数,这表明社会传染对于非流行性产品的影响力更大。类似地,我们计算在流行性产品和非流行性产品的情境下,社会传染的传染效应。对于一半样本的变量,即表6-3中,流行性产品情境下,社会地位对社会传染的调节作用的最高点为0.500491071,而非流行性产品情境下,社会地位对于社会传染调节作用的最高点为0.056110054,这也就是表明在流行性产品的情境下,社会传染的作用更大。同样地,针对单一产品,我们总结表6-5中社会传染对于流行性产品和非流行性产品的影响,可以看出社会传染对于流行性产品和非流行产品均为正向影响,且非流行产品的系数也大于流行性产品,之后我们也同样比较在单一实用型产品的情境下,社会地位对社会传染调节的最高点,对于流行性产品,取得最高点的社会地位为1.379388787,调节作用的最大值为0.414030441;对于非流行性产品取得最高点的社会地位为1.425934445,调节作用的最大值为0.353588964。综合以上检验,可以说明,无论是在整体样本,还是在一半样本,以及一个样本的情境下,对于实用型产品,我们的假设都是成立的。

同样地,对于享乐型产品,我们也做类似的有效性检验。从表6-4和表6-6中可以看出,对于享乐型产品,社会传染的影响系数在各个模型中都是正的,这表明社会传染无论对于流行性产品还是非流行性产品都呈正向影响,样本的稳定性比较好。另外,从表6-4和表6-6中的模型1中,我们可以看到非流行性产品的系数均大于流行性产品的系数,这表明在享乐型产品的情境下,社会传染对于非流行产品的影响力更大。对于一半样本的变量,即表6-4中,流行性产品情境下,社会地位对社会传染的调

表 6-3 实用型产品回归结果（一半样本）

	模型 0		模型 1		模型 2		模型 3	
	流行性产品	非流行性产品	流行性产品	非流行性产品	流行性产品	非流行性产品	流行性产品	非流行性产品
关系时效	−2.6827***	−1.7094***	−2.78989***	−1.7161***	−2.79305***	−2.1286***	−2.82457***	−2.1249***
同质性	0.9775***	0.98048***	1.01629***	0.98243***	1.00987***	0.89902***	1.00876***	0.89913***
关系强度	0.05963	−1.7464*	0.04025*	−1.8139	0.03561	−3.3532*	0.02765	−3.3226*
在线时间长度	0.32065***	0.69544***	0.27555***	0.69515***	0.25382***	0.61822***	0.2284***	0.61788***
虚拟货币	0.11383	0.3917***	0.32282***	0.3945***	0.51792***	1.3505***	0.50463***	1.3543***
虚拟性别	−0.4432*	−0.4305*	−0.42097***	−0.4304*	−0.41323***	−0.3858*	−0.41564***	−0.3851*
社会传染			0.24269***	0.11384***	0.14276**	0.5701**	0.39273**	0.7524**
社会地位平方					−0.871**	−1.2979**	−0.4248**	−1.3072*
社会地位					0.56049**	2.16562**	0.47637**	2.21217**
社会传染×社会地位平方							−0.224*	−0.1097
社会传染×社会地位							0.22422*	0.09165
偏极大似然值（LL）	29341.972	1552.034	29235.157	1532.005	29218.640	1513.342	29172.876	1501.234

注：* $p<0.05$；** $p<0.01$；*** $p<0.001$。

表 6-4 享乐型产品回归结果（一半样本）

	模型 0		模型 1		模型 2		模型 3	
	流行性产品	非流行性产品	流行性产品	非流行性产品	流行性产品	非流行性产品	流行性产品	非流行性产品
关系时效	-2.2468***	-1.4387***	-2.3026***	-1.5035***	-2.2857***	-1.5235***	-2.287***	-1.5805***
同质性	1.02438***	0.58077***	1.05278***	0.61824***	1.01188***	0.54244***	0.99955***	0.51704***
关系强度	0.01383*	0.05028	0.00834	0.04597***	-0.0244	0.03199***	-0.029	0.02063***
在线时间长度	0.1028*	0.32534***	-0.2636***	0.05843	0.6734	0.2188	0.6851*	0.1061
虚拟货币	0.53074***	0.48261***	0.49032***	0.43051***	0.43166	0.38355	0.41387	0.31552
虚拟性别	-0.3777	-0.0401	-0.3788***	-0.0455	-0.3639*	-0.0337	-0.3628*	0.0488*
社会传染			0.19931***	0.25613*	0.1238*	0.09374*	0.0049*	0.8986*
社会地位平方					-1.1361***	-0.998	-1.1478***	-0.3675**
社会地位					1.19893***	0.86835***	1.22509*	0.25467*
社会传染×社会地位平方							0.1907*	0.2459***
社会传染×社会地位							-0.409*	-0.3234**
偏板大似然值（LL）	17 576.669	1 622.504	17 524.134	1 608.214	17 428.647	1 599.715	17 417.091	1 582.899

注：* $p<0.05$；** $p<0.01$；*** $p<0.001$。

表 6-5 实用型产品回归结果（一个产品）

	模型 0		模型 1		模型 2		模型 3	
	流行性产品	非流行性产品	流行性产品	非流行性产品	流行性产品	非流行性产品	流行性产品	非流行性产品
关系时效	−2.3248***	−1.3915***	−2.3946***	−1.47118***	−2.3871***	−1.65555***	−2.39719***	−1.66904***
同质性	0.98931***	0.5066**	1.02225***	0.54061***	0.99528***	0.50575***	0.97798***	0.51745***
关系强度	0.01082	0.02122	0.00953	0.01738	−0.0083	−0.01073	−0.01328	0.00615
在线时间长度	0.49997***	0.52249***	0.44165***	0.43987***	0.38211***	0.33841***	0.35657***	0.30274***
虚拟货币	0.0505	0.26458**	0.2349**	0.02303	0.4137***	0.1159	−0.42453**	0.16042**
虚拟性别	−0.3906***	−0.05177**	−0.3915***	−0.05778	−0.3814***	−0.0776	−0.38038***	−0.0799
社会传染			0.31288***	0.37517***	0.14289***	0.98742***	0.27457***	2.11177***
社会地位平方					−0.952***	−0.15249***	−1.15326***	−0.21938**
社会地位					0.62802***	−0.12487	0.69981***	0.104994***
社会传染×社会地位平方							−0.2176***	−0.1739***
社会传染×社会地位							0.60031**	0.49594**
偏极大似然值（LL）	16 012.789	1 431.103	15 948.053	1 416.657	15 907.511	1 403.041	15 893.204	1 392.067

注：* $p<0.05$；** $p<0.01$；*** $p<0.001$。

表 6-6 享乐型产品回归结果（一个产品）

	模型 0		模型 1		模型 2		模型 3	
	流行性产品	非流行性产品	流行性产品	非流行性产品	流行性产品	非流行性产品	流行性产品	非流行性产品
关系时效	-1.6981***	-1.53772***	-2.03895***	-2.24343***	-2.34859***	-2.45388***	-2.65226***	-2.55234***
同质性	0.93862***	0.7329***	1.02233***	0.91219***	0.80187***	0.76663***	0.63948***	1.03941***
关系强度	0.0531*	0.08098*	0.03354*	0.09854	0.03923	0.00394	0.02495	0.11689
在线时间长度	0.66372***	0.4508***	0.65097***	0.41343***	0.58672***	0.3682***	0.62754***	0.37387***
虚拟货币	0.28534*	0.3346	0.64366***	0.3365	1.39864***	0.8835***	1.57484***	0.7003***
虚拟性别	-0.22216*	0.0353	-0.26044**	-0.01051	-0.22657***	-0.00245	-0.19817	-0.09606
社会传染			0.57300***	0.9139***	0.18815*	0.37388***	2.26628***	0.81379**
社会地位平方					-1.58147***	-1.14392***	-1.06335***	-1.4994***
社会地位					2.58852***	1.65855*	1.63428***	0.07074**
社会传染×社会地位平方							1.12396***	1.15901**
社会传染×社会地位							-1.45134***	-1.33693**
偏极大似然值（LL）	1546.382	690.439	1527.043	681.144	1469.921	1599.715	1437.052	1582.899

注：* $p<0.05$；** $p<0.01$；*** $p<0.001$。

节作用的最高点为－0.219298637,而非流行性产品情境下,社会地位对于社会传染的调节作用的最高点为－0.106331395,这也就表明在流行性产品的情境下,社会传染的作用更大,即在调节作用的最低点上,流行性产品的调节作用更低。同样地,针对单一产品,我们总结表6-6中社会传染对于流行性产品和非流行性产品的影响,从表中可以看出社会传染对于流行性产品和非流行产品均为正向影响,且非流行产品的系数也大于流行性产品,之后我们也同样比较在单一享乐型产品的情境下,社会地位对于社会传染调节的最高点,对于流行性产品,取得最低点的社会地位为0.645636855,调节作用的最大值为－0.468519297,对于非流行性产品取得最低点的社会地位为0.576755162,调节作用的最大值为－0.385540639。综合以上检验,可以说明,无论是在整体样本,还是在一半样本,以及一个样本的情境下,对于享乐型产品,我们的假设都是成立的。

第五节　讨论和小结

在本章中,我们主要研究了社会传染在产品多样性情境下的不同作用,并探讨了不同社会地位的消费者对于不同产品选择的不同。我们的研究主要有四个方面的新发现。

第一,我们拓展了社会传染的研究背景,尽管关于社会传染的研究已经拓展到了很多行业,如耐用品行业(Bass,1969)、医药(Burt,1987;Van den Bulte and Lilien,2001;Van den Bulte and Lilien,2001)、网络社区(Aral and Walker,2012;Aral and Walker,2014)、会计系统采用(Reppenhagen,2010)、政治投票(Pacheco,2012)等,但是虚拟世界与其他社区有着显著的区别(Zhou et al.,2012),以往的研究并没有拓展到虚拟世界,而我们则填补了这一研究空白。

第二,消费者所受到的社会传染对于其采用企业的产品有着显著的促进作用,这种正向影响不仅局限在同一产品,而且能够对相似的产品发挥作用。以往的研究只是针对一种产品,如著名的来自四环素的数据(Bass,1969;Burt,1987;Van den Bulte and Lilien,2001),或是一类的产品(Du and Kamakura,2011),并没有探讨消费者在面对一个品类内不同产品的情境。在本章中,我们主要探讨消费者面对同一品类内不同产品时社会影响的作用,体现了产品扩散时的溢出,即其他消费者采用不仅对于目标消费者采用相同的产品有影响力,也会对消费者购买同一品类内的其他产品产生正向的影响。

第三,对于未采用的消费者来说,社会传染对于非流行的产品有着更大的影响力。正如 Chan et al.(2012)所指出的那样,消费者在有趋同于整个群体的需求的同时,也有追求自身独特性的需求。尽管消费者会因为其他的因素,如文化、个人偏好等,对不同的产品有不同的偏好,就像在中国,由于文化的因素,消费者对于苹果公司推出的金色的手机情有独钟,但是,由于非流行性产品代表了群体中更有独特性需求的一种倾向,社会传染所产生的影响力更大。我们的研究也证实了这一推测。

第四,对于不同社会地位的消费者,探究不同类型的消费者的易感程度不仅对于企业有着重要的意义,对于理论研究者同样重要(Angst et al.,2010;Hu and Van den Bulte,2014;Iyengar et al.,2011)。本章基于中间社会阶层消费者有着更强的阶层焦虑性(Podolny,2010;Sauder et al.,2012)的假设,探究了不同消费者对流行性产品和非流行性产品的购买倾向。我们的研究发现,中间社会阶层的消费者更有可能购买流行性产品,而高、低阶层的消费者则有可能购买非流行性产品。

我们的研究也为虚拟世界的运营方提供了新的指导意义。我们的研究发现,其他消费者的采用不仅对于焦点消费者采用相同的产品有着传染作用,而且对于消费者采用类似产品有着促进作用,这也就启示平台运营方可以把产品按品类进行打包营销,从而提高营销的效率。另外,我们的研究也为企业针对不同的产品定位了合适的营销对象,尽管消费者对于产品本身的偏好,以及产品内部不同流行性子类和非流行性子类的偏好有所不同,但是我们可以通过消费者个人特征的识别,逼近消费者真实的状况,从而了解到消费者的需求,提升企业营销的效果。我们的研究发现,对于高社会地位和低社会地位的消费者,企业应该着重对他们营销非流行性产品;而对于中间社会阶层的消费者,应该重点对他们营销流行性产品。

第七章 产品升级情境下的社会传染差异化影响

第一节 研 究 问 题

对于企业来说,增强消费者的购买是营销经理们重点关注的核心问题之一,而其中鼓励消费者多次购买是企业提升产品销量的重要途径(另一种是提升购买产品的消费者数量)(Libai et al., 2009; Rogers, 2010)。以往的研究已经证明,消费者不仅在初次采用时会受到其他消费者的社会传染效应(Angst et al., 2010; Manchanda et al., 2008),而且在重复购买时也会受到社会传染的影响(Iyengar et al., 2015)。但是,提升消费者的购买不仅只存在于消费者的初次购买和重复购买中,还有一个非常重要的过程是消费者的升级购买(Okada, 2006)。所谓升级购买就是在消费者已经购买企业产品的前提下,把自己的产品升级到一个新的、性能增强的产品。不同于初次购买,消费者在升级购买中已经有了一定的产品使用体验,并且对于产品的信息知识以及其所代表的社区规范有一定的理解(Okada, 2006)。

因此,以往的研究就涉及一个很大的研究空白:即社会传染是否在消费者产品升级的过程中也能起到作用呢? 如果社会传染依然能够发挥影响,影响是否和消费者在产品初次购买中相同? 对于企业来说,是否应该定位于相同类型的消费者?

以往的研究对于社会传染是否在消费者的产品升级过程中发挥重要作用并没有给出具体的说明,但是以往的文献也为我们提供了一些可能影响的线索。第一,社会传染向被影响者传递关于产品的信息和群体的规范(Burnkrant and Cousineau,1975;Deutsch and Gerard,1955)。对于消费者来说,升级产品较原有产品在功能上有所改进(Padmanabhan et al.,1997),产品的功能可能会有一些改变,这也就意味着升级产品存在一定的不确定性,来自其他消费者的传染作用能够降低这些不确定性。第二,了解产品的信息以及产品本身所代表的规范是一个长期的过程,特别是关于产品所代表的群体规范(Iyengar et al.,2015),这不仅存在于初次采用中,而且存在于采用之后的继续学习中(Zhu and Kraemer,2005)。第三,对于产品升级中差别比较大的产品组,消费者感知的预测后悔程度比较低(Shih and Schau,2011),而我们知道消费者的预期是可以被影响的(Popielarz,1967)。

研究社会影响在产品初次购买和升级购买的效应有着重要的作用,主要体现在以下三个方面。

第一,明晰社会传染在初次购买和升级购买中的作用,理解不同阶段社会传染对于消费者采用的作用,不仅填补了理论的空白,而且也使得企业更好地利用社会传染来促进企业的影响。

第二,以往的研究多是关注产品的初次购买(Burt,1987;Van den Bulte and Lilien,2001),或是不区分消费者的初次购买和后续购买(Du and Kamakura,2011),很少有研究专门关注消费者的后续购买。仅有Iyengar et al.(2015)探究了产品的重复购买。但是,他们的研究,只是在医生为病人开完药之后,初次使用的产品为他们提供的更多是关于产品信息方面的内容,而这与大部分产品升级的状况,如苹果手机升级、操作系统升级有着明显的区别。产品升级更多地关注在已有产品仍然能够使用的情况下,企业所发生的升级行为(Okada,2006),明晰企业在升级情况下的机制,不仅有着很强的理论意义,而且对于现阶段企业针对特定的消费者实施营销行为,促使他们进行产品升级有着重要的实践意义。

第三,如何区分产品传播过程中的易感染者是现阶段研究社会传染的关键性问题(Angst et al.,2010;Iyengar et al.,2015;Iyengar et al.,2011;Manchanda et al.,2008)。但是,以往的研究并没有在不同产品类型的情况下,如实用型产品和享乐型产品(Botti and McGill,2011;Chitturi et al.,2008),探究不同类型的消费者对于初次购买和升级的不同易感程度,我们的研究能够使得企业更好地理解消费者在虚拟社区中的初次购买和产品升级问题,能够使得企业更好地理解同伴效应。

接下来,我们首先回顾本章所使用的文献,并推导出本章的研究假设;接着,重点展示我们的研究数据和研究方法;之后,我们在研究结果中检验假设;最后,讨论本章的理论意义和实践意义。

第二节 理论背景

一、产品升级

产品升级是指消费者在已经购买企业的产品的情况下,把自己的产品升级到一个新的、性能增强的产品(Okada,2006)。在一般的情况下,不仅企业如何设计升级产品和已有产的差别,如相似 VS 不相似,全面升级 VS 单个属性升级(Okada,2006),而且升级产品与已有产品的价格差异(Danaher et al.,2001)、市场中关于产品的基数(网络效应)(Padmanabhan et al.,1997)、使用后的经验(Huh and Kim,2008)、消费者对于新增功能的评估(Bertini et al.,2009)等都会影响消费者是否采取升级行为。以往关于升级的研究有很多,如 Huh and Kim(2008)认为消费者的第一次购买更多地是基于产品的信息,而之后的购买则多建立在第一次使用的经验上；Okada(2001)发现消费者升级主要受到两个方面因素的影响，一个是产品价格方面的影响，另一个则是在产品完全发挥它的作用之前消费者所要付出的已废弃产品的代价。但是他们的研究都是针对在消费者需要放弃已有的产品，而已有的产品还能够使用的情况。Okada(2006)指出不同于初次购买者，升级消费者对于产品有一定的认知，如果让他们放弃已有的产品来购买升级产品，那么他们需要克服已有产品的沉没成本和相应的心理成本，同时他还指出当升级产品和原有产品差异比较大，或是新产品升级一个新功能、专门提升某一方面的特征，都能够有效地提升消费者购买升级产品的可能性。Shih and Schau(2011)认为消费者之所以愿意升级是因为他们可预期的后悔可能会比较少，而感知到的产品创新越多，消费者感知到的预期后悔会越少，消费者升级的可能性也会越大。Zhu and Kraemer(2005)则认为影响消费者选择升级产品的一种因素是产品的使用体验。很显然，关于新产品上市以及消费者选购新产品包含很多组织和技术细节，并没有任何一个理论模型能够完全解决这个领域的相关问题(Padmanabhan et al., 1997)。

从以上的总结中我们可以看出，以往的关于产品升级的研究主要集中在消费者感知的产品设计的层面，即消费者感知到的产品属性(Bertini et al., 2009; Okada, 2006)，或是怎样设计价格战略才能够使得消费者更容易接受企业的升级产品(Yin et al., 2010)，或是新产品相对于已有产品能够给消费者提供的新特性或是能够解决的新问题(Ziamou and Ratneshwar, 2003)，但是关于消费者受到的社会传染并没有得到很好的探究，而已有的研究已证明，消费者的后续购买，如重复购买中，社会传染依然能够发挥作用(Iyengar et al., 2015)。相较于重复购买，升级产品涉及更多的产品知识以及群体内部关于产品认证的规范，所以升级购买需要面临更多的不确定性；并且不同于 Iyengar et al.(2015)的重复购买，我们是在消费者的已有产品仍然能够发挥作用的情况下探讨升级产品的采用，因此，探究社会影响是否在产品升级购买中存在显著作用有重要的意义。另外，以往的研究多关注产品设计方面的研究，固然对于产品设计来说有着非常重要的意义,但是在产品设计之后,以往的研究并没有给出什么样的消费者更有可能受到社会传染的影响。因此,本章的第二个问题是找出什么类型的消费者更容易受到社会传染的影响。

二、社会传染

信息性影响在初次购买和升级购买中的差别:信息性影响是社会传染的重要影响途径,通过社会传染所带来的产品信息,消费者不仅能够更新自己的产品信息,而且能够通过社会传染进一步确认自己的信息储备。在初次购买的阶段,消费者通过社会传染确认关于产品的信息(Iyengar et al., 2011),在获得一定的产品信息之后决定是否接受该产品;在升级产品的决策过程中,由于消费者已经拥有了一定的产品使用经验,对于产品有着自己的评价和认知(Bertini et al., 2009),但是,升级产品相较于原有产品会有功能上的一定程度的改进,这也就形成了消费者原有认识和产品实际功能之间的差别,其他消费者的社会传染能够在一定程度上弥补这种差别,也就是说社会传染的信息性影响依然能够在消费者产品升级过程中起到一定的作用。但是我们还要注意到,消费者毕竟对于产品有了一定的认知,这也就是意味着消费者能够基于已有的信息对新升级的产品做一个判断,而升级产品则是在已有产品的基础上改进,因此,相比于初次购买,升级购买中消费者对于产品信息的把握更加清晰。

规范性影响在初次购买和升级购买中的差别:社会传染中所传递的关于群体的规范性信息也能够影响消费者对于新产品的接受。群体内的社会规范是群体成员都认同并期望存在的(Deutsch and Gerard, 1955; Fisher and Ackerman, 1998),它会涉及群体内的一些通行的规则和标准(Cialdini and Trost, 1998)。由于群体内的社会规范更多地是涉及整个群体,而不是单个个体,当消费者经历与其他消费者行为的不一致时,如焦点消费者周围的其他人采用了某一创新,而我们研究的消费者并没有采用时,焦点消费者和其他消费者的心理距离和亲近感就会在一定程度上降低(Raghunathan and Corfman, 2006),为了减弱这种差异,消费者就有动力采用创新的产品。还有很重要的一点是,社会规范的习得并不是一蹴而就的,而更多地是一个过程。因为社会规范代表的是群体的行为,焦点消费者需要面对的是整个群体,刚开始的时候他对整体并不是很了解,随着在社区内时间的延长,他对这个社区的了解逐渐加深,可以更快地了解群体的规范(Iyengar et al., 2015)。

不同于信息性影响,现阶段并没有很多文章表明社会规范在升级购买中会减弱。正如 Iyengar et al.(2015)所强调的那样,社会规范方面的影响是一个过程。消费者早期受到的影响可能是技术或绩效方面的影响,因为社会规范还没有建立;而后期的采用则会更多地受到社会规范的影响,特别是随着产品的升级换代,升级产品更可能成为一种社会规范,而其他消费者需要通过采用来表现这种合法性(Kennedy and Fiss, 2009; Westphal et al., 1997)。这其中的机制是指产品或服务随着时间的拓展,逐渐由工具的逻辑变成社会适应的逻辑(Westphal et al., 1997)。另一个原因是在采用阶段违反社会规范比在升级阶段违反社会规范会更容易得到原谅,因为当消费者处于购买升级产品的阶段时他们的规范意识会增强。

从以上的分析中,我们可以看出,在升级阶段,以上的两个原因都表明消费者从初次采用到升级阶段所受到的社会规范影响会增强。第一个原因并没有说明消费者在初次购买和升级购买中的显著差异,只是表明社会规范的影响是一个随时间不断增强的过程,在不同阶段的变化更多地是一个时间效应;第二个原因则表明了社会规范影响的本质原因,这也就表明在升级购买中,消费者关于产品的规范会进一步得到确认,消费者的认知也会进一步强化。

因此,在消费者的升级过程中,其他消费者的采用为未升级的消费者提供了更多关于产品的信息和其他消费者的使用规范,类似于新产品的采用,我们可以得到:

假设6:社会传染在产品升级过程中能够起到正向作用。

三、社会地位

社会地位是个人在社会群体中等级位置的反映,是一种次序的表现。社会学家指出中间社会阶层有着最强的阶层焦虑性(De Botton,2008;Newman,1988)。已有的研究表明,不同社会地位的人对于不同社会规范的确认程度并不一样(Phillips and Zuckerman,2001;Turner,1988)。处于中间阶层的消费者有着更高的意愿去购买或是追求那些能够维持他们自身地位的商品来维持其自身的社会地位(Podolny,2010);对于较低地位的消费者来说,如果不遵守群体的社会规范,他们也没有更多可以失去的(Dittes and Kelley,1956;Harvey and Consalvi,1960);同样的行为也会存在于那些拥有高社会地位的消费者,因为他们从遵守社会规范获得的社会地位的边际效用比较低,以往的研究称之为中产阶级确认。

对于实用型产品来说,产品的升级带来更强的实用功能,并且由于产品初次使用的信号意义,消费者对于升级后的产品实用型功能会更加确认。也就是说,消费者对于升级产品是否能够提升自身社会功能的认知会更加清晰。类似于消费者的初次采用,由于中间阶层的消费者对于提升自身的社会地位有着更强的意愿,因此,我们可以推断:中间社会阶层的消费者们会更容易受到其他消费者的影响,从而采用升级产品的意愿会比高、低社会阶层的消费者更强。另外,相比于初次购买,消费者对于产品的信息和规范性认知更加清晰,升级后的产品对于消费者社会地位的维持或提升的信息会更加详尽。实用型的虚拟产品,如刀、剑等,升级后能够使得消费者在虚拟社会中的绩效提升更加明显,对于他们社会地位的提升或维持会更有益处。因此,当中间社会阶层的消费者接收到这方面的信息时,他们确认购买的意向会更高,这也就是说他们会更容易受到社会传染的影响。综合以上论述,我们可以假设:

假设 7:对于实用型产品,无论是在初次购买还是在升级购买中,社会阶层的调节作用呈倒 U 形影响;但是在升级过程中,社会阶层的调节作用更强(最高点更高)。

类似于实用型产品,在产品的升级过程中,消费者对于享乐型产品的认知也会更加了解,即产品的享乐方面的信息和相关的规范对于消费者来说更加明确,对于消费者社会地位提高或维持帮助不大的事实会得到进一步确认。因此,对于那些有着更强意愿去提高或者维持自身社会地位的中间阶层的消费者来说,他们采用的意愿同样不是很高。当比较消费者升级购买和初次购买的异同时,由于消费者对于升级产品的认知更加清晰,那些更期望通过购买来提升或者维持自身社会地位的消费者,即中间社会阶层的消费者,其采用意愿会相比于初次购买进一步降低。因此,我们可以假设:

假设8: 对于享乐型产品,无论是在初次购买还是在升级购买中,社会阶层的调节作用呈 U 形影响;但是在升级过程中,社会阶层的调节作用更强(最低点更低)。

第三节 研究方法

一、研究背景

同第五章、第六章的研究类似,我们使用同一样本的数据作为样本。我们的数据背景是国内某大型多玩家角色扮演游戏 2011 年 6 月 16 日至 9 月 17 日,共计 64 天内,消费者在某一新开服务器购买虚拟产品及其他活动的数据。在这款游戏中,玩家可以通过注册获得一个游戏中的化身,之后用户可以通过化身在这种虚拟环境中进行用户之间的社交、完成任务、交易活动。在这种虚拟社会中,用户可以完成自由组队、完成任务、购买产品,也可以像真实的社会一样,自己生产"产品",然后进行销售等。在虚拟社区中,企业会推出各种各样的虚拟产品,类似于真实的社会,消费者也会通过用户之间的互动来了解产品的信息,并且在与其他用户的交流中把这种信息再传播给其他的消费者。

二、变量测量

同之前的研究类似,我们的数据是删失数据。因此,我们以风险模型来估计、验证假设。风险模型是一种很好的估计删失数据的方法,在医学、保险及经济计量学中有着广泛的应用(Allignol and Latouche,2015;Du and Kamakura,2011)。另外,由于我们的数据涉及产品的升级购买,也就是消费者处于不同情境下的购买状况,因此我们采用多状态模型来估计消费者的购买(Foucher et al.,2005;Listwon and Saint-Pierre,2015)。

1. 主变量

虚拟产品的采用:对于初次购买,如果消费者 i 在我们截取点之前购买了某一产品 p,则我们记消费者 i 的采用为1,并且我们记录下他们在虚拟社区内所待的时间。对于那些没有采用的玩家,我们标记他们的采用行为为0,并统计他们自加入社区至我们截止数据统计时(2011年9月17日)的时间。接着,我们统计消费者的升级购买,这次我们针对的对象是那些已经发生初次购买行为的消费者,对于发生升级行为的消费者,我们记录他们的状态为2,并记下从初次购买到升级购买过程中的时间;对于没有升级的消费者,我们记录他们的状态为3,同样地,我们记录他们从初次购买到截止数据统计时(2011年9月17日)的停留时间。

社会传染:关于社会传染的测量,我们采用以往文献中,如 Iyengar et al.(2011)和 Risselada et al.(2014)的方式,把社会传染定义为在消费者购买某种产品之前通过社会交互所接触到产品的次数。但是不同于之前研究中的只有一种类型的社会传染,在消费者的升级购买中,还包含了产品的升级购买,因此,仿照关于消费者社会传染的计量方式,我们计量消费者所受到的升级购买的社会传染。具体地说,对于任一消费者 i 在时刻 t 初次采用某一产品 j 的社会传染可以如下式所表示:

$$\sum_{t=1}^{T} \sum_{i_0=1}^{N} y_{ijt}\, w_{ii_0 t}\, z_{i_0 jt}$$

而在升级购买中,关于升级产品 jj 的社会传染可以表示为:

$$\sum_{t=1}^{T}\sum_{i_0=1}^{N} y_{ijjt}\, w_{ii_0 t}\, z_{i_0 jjt}$$

其中 y_{ijt} 和 y_{ijjt} 表示用户 i 是否在时刻 t 之前采用了产品 j 或 jj,1 表示该消费者采用了该产品,0 表示没有采用;$z_{i_0 jt}$ 和 $z_{i_0 jjt}$ 表示用户 i_0 是否在时刻 t 之前采用了产品 j 或 jj,同样地,1 表示该消费者采用了该产品,0 表示没有采用;$w_{ii_0 t}$ 表示用户 i 是否和用户 i_0 在时刻 t 之前建立了交互关系。以往的研究已经探究了几种关于 $w_{ii_0 t}$ 的测量方式(Iyengar et al.,2011),如影响者采用的剂量等。在我们的研究背景下,更关注用户之间的信息传递,只要用户之间发生了交互行为,信息得到流通,就认为社会传染的作用存在。因此,我们采用类似于 Iyengar et al. (2011) 的测量方式,以用户之间的交互作为我们测量的标准。在我们的数据中,这些交互行为包含用户之间的交流、交易、共同完成任务等。

社会地位:消费者的社会地位代表了群体内部其他消费者对于该消费者的尊敬程度。消费者中心度表示消费者在整个网络中的重要程度。因此,仿照以往的研究,我们使用消费者的入度中心度作为产品社会地位的测度。消费者的入度中心度高也就意味着消费者有更多的机会去接触到其他消费者,受到的尊敬程度也会越高(Hu and Van den Bulte,2014)。我们用 SS_{it} 表示:

$$SS_{it} = \sum_{i_0=1}^{n} w_{ii_0 t}$$

其中,$w_{ii_0 t}$ 表示消费者 i 是否和消费者 i_0 在时刻 t 之前建立了交互关系。

2. 控制变量

关系强度:关系强度代表了消费者之间发生关系的强弱,表示消费者之间有多大强度的信息或是规范得以传播(Steffes and Burgee,2009)。由于消费者在网络之间不止与一个其他消费者发生交流关系,而且每个人交流的次数也有所不同,仿照以前的研究(Onnela et al.,2007),我们将目标消费者与其他消费者交流的平均次数作为消费者关系强度的测度：首先统计消费者与其他消费者总计发生了多少交互次数，然后用得到的数据除以交流的人数，即得到消费者交流的平均强度，用 TS_{it} 表示：

$$TS_{it} = \frac{\sum_{i_0=1}^{n} TS_{ii_0 t} \times \delta_{ii_0}}{\sum_{i_0=1}^{n} \delta_{ii_0}}$$

其中，$TS_{ii_0 t}$ 表示消费者 i 在时刻 t 之前与消费者 i_0 发生交互的次数，δ_{ii_0} 是一个二元变量(0 或 1)，表示消费者 i 是否在时刻 t 之前与消费者 i_0 发生了交互行为。当然，在某些特殊情况下，如 $\sum_{i_0=1}^{n} \delta_{ii_0} = 0$ 时，令 $TS_{it} = 0$。

关系的同质性：同质性是指关系连接双方的相似性(Van den Bulte and Wuyts，2007)。依照以往的文献(Brown and Reingen，1987)，我们用消费者之间的相似特征作为测量关系同质性的标准，在我们的数据里，包括虚拟性别、职业、门派、注册时间等。为了测量两个消费者之间的相似性，我们在每一个变量上赋值 0.25。如果两个消费者之间有着相同的特征，如相同的虚拟性别，则记为 1，如果没有则记为 0。之后，我们汇总加权得到每两个消费者之间的相似性，然后取平均值，即得到以往研究中消费者与那些采用者之间的相似性，用 H_{it} 表示：

$$H_{it} = \frac{\sum_{i_0=1}^{n} H_{ii_0 t} \times \delta_{ii_0} \times z_{i_0 jt}}{\sum_{i_0=1}^{n} \delta_{ii_0}}$$

其中，$H_{ii_0 t}$ 表示消费者 i 与消费者 i_0 的相似指数，$z_{i_0 jt}$ 表示用户 i_0 是否在时刻 t 之前采用了产品 j，δ_{ii_0} 是一个二元变量(0 或 1)，表示消费者 i 是否在时刻 t 之前与消费者 i_0 发生了交互行为。当然，在我们的统计样本中，如果两者之间没有传染关系，则 H_{it} 的最小值为 0。

关系的时效性：Du and Kamakura(2011)指出社会影响具有时间和空间效应，但是在虚拟世界中，由于消费者处于一个平台上，相互之间的地理效应由用户之间的交互所代替,并且因网络的特殊性而无法测量边际。因此,我们需要控制的就是用户之间的关系建立的时效性。因为目标消费者和周围的很多消费者进行交互,受到周围很多消费者的影响,所以我们采用和关系同质性相似的测量,测量焦点用户和其他每一个用户最早开始交互的时间,然后求得平均值记为消费者与传染源关系的时效性,用 IT_{it} 表示:

$$IT_{it} = \frac{\sum_{i_0=1}^{n} IT_{ii_0 t} \times \delta_{ii_0} \times z_{i_0 jt}}{\sum_{i_0=1}^{n} \delta_{ii_0}}$$

其中,$IT_{ii_0 t}$ 表示消费者 i 在时刻 t 之前与消费者 i_0 建立关系的时间,$z_{i_0 jt}$ 表示用户 i_0 是否在时刻 t 之前采用了产品 j,δ_{ii_0} 是一个二元变量(0 或 1),表示 i 是否在时刻 t 之前与消费者 i_0 发生了交互行为。当然,如果两者之间没有传染效应,则 IT_{it} 的值为 0。

虚拟货币(M_{it}):我们也统计了可能影响消费者采用某一产品采用风险的其他变量,如消费者持有的虚拟货币。无论是在现实世界,还是在虚拟世界,消费者的经济水平,即他所持有的货币都是影响消费者是否购买的一个重要因素。又由于消费者购买产品是一个长期的效应,因此我们统计消费者在购买该产品之前每天平均的测量收入,作为消费者虚拟货币的测量。

在线时间长度(T_{it}):一般来说,消费者在社会内的时间越长,越会积累更多的信息,形成自己对于产品的认知,进而影响其行为(Nitzan and Libai,2011)。因此,控制消费者的在线时间长度对于检验消费者受到的社会影响有着重要的作用。在我们的样本中,我们能够得到消费者每天的登入与登出具体时间,汇总消费者在购买之前的在线总时间作为消费者在线时间长度的测量。

虚拟性别(G_i):我们用消费者在虚拟世界中的虚拟行为作为性别的测量,其中 1 代表男性消费者而 0 代表女性消费者,并且以往的研究,如 Cha(2009)已经证明,消费者的性别对于消费者采用虚拟产品有着系统性的影响。

三、研究方法

基础模型设定:由于风险模型也能很好地处理随时间变化的变量(Cameron and Trivedi,2005),因此,我们采取以往文献(Risselada et al.,2014)中研究社会传染的方法,构建消费者采用产品 j 的风险为 $h(t|X_{ijt})$,即产品的初次采用风险:

$$\ln(h(t \mid X_{ijt})) = \alpha + X_{ijt}\beta_j$$

其中,t 是消费者 i 采用产品 j 的时刻,α 是消费者在 t 时刻采用产品 j 的基准风险,X_{ijt} 是我们在上一节中总结的关于消费者在 t 时刻采用产品 j 的协变量,β_j 则为估计的协变量的系数。和以往的文献(Cameron and Trivedi,2005)类似,我们采用下式来计算消费者在 t 时刻对产品 j 的风险率 $h(t|X_{ijt})$:

$$h(t \mid X_{ijt}) = \lim_{\Delta t \to 0} \frac{F[t \leqslant T < t + \Delta t \mid T \geqslant t]_{ij}}{\Delta t} = \frac{\mathrm{d}F(t)_{ij}}{\mathrm{d}t}$$

由于我们的研究涉及消费者在不同状态之间的转换,因此我们需要对以往基础模型进行一定的变换,并且由于不同消费者在初次购买和升级的过程中,对于产品的了解程度是不同的,因此,消费者的基础风险也是有差异的(Fiocco et al.,2008)。但是消费者在不同的阶段转换时,如从初次购买到升级购买的过程中,由于消费者使用了同样的产品,借鉴以往的研究,我们采用马尔科夫链的假设来探究产品在扩散的过程中,在不同阶段之间的扩散(Fiocco et al.,2008;Putter et al.,2007)。具体地说,当消费者由某一状态向下一状态转换时,要依赖于当前的状态内所受到的影响(De Wreede et al.,2010),则产品升级购买过程中的风险为:

$$h(t \mid X_{ijjt})_{j \to jj} = \lim_{\Delta t \to 0} \frac{F[X(t + \Delta t) = jj \mid X(t) = j]_{ij}}{\Delta t}$$

类似于之前研究中关于方程的构建,我们构建消费者在由初次购买到升级购买的模型:

$$h(t \mid X_{ijjt})_{j \to jj} = \exp(\alpha_{j \to jj} + X_{ij \to jjt}\beta_{j \to jj})$$

其中，$α_{j→jj}$ 为消费者从初次使用到升级购买的过程中的基础风险率，而 $X_{ij→jjt}$ 是升级过程中所受到的外界影响，$β_{j→jj}$ 为影响的系数。类似于之前研究中的结果，我们使用偏似然回归作为我们的估计方法（Cox，1975）。

第四节 数据分析

一、模型分析

我们首先在图 7-1 中绘制了消费者对于实用型产品（以"轩辕剑"为例）的已有产品和升级产品的累积采用率，在图 7-2 中绘制了消费者对于已有产品和升级产品的实证采用风险。类似地，在图 7-3 中绘制了享乐型产品（以"烟花"为例）的已有产品和升级产品的累积采用率，在图 7-4 中绘制了相应的实证采用风险。从图 7-1 和图 7-3 中我们可以看出，无论是享乐型产品还是实用型产品，其扩散都不符合传统的 S 形扩散曲线，反之是采用逐渐增强，这主要是由于虚拟世界的特点导致的，在虚拟世界中，企业平台方不断地吸引消费者进入虚拟世界，特别是在产品的初期（我们的数据为删失数据），因此也就会有新的消费者持续加入社区，消费者的基数不断增大，使得产品的累积采用曲线是正向增长的。但是另一个方面，我们也可以看到，在图 7-2 和图 7-4 中，消费者对于产品的实证采用曲线是逐渐下降的，而这也是由虚拟产品的特点决定的。在虚拟世界中，很多产品的购买与消费者自身的等级相关联，消费者在达到一定的等级之后就可以购买更高等级的产品，这与传统的扩散曲线有所不同，所以产品的扩散风险应该是逐渐降低的。另外，从图中我们不难看出，升级产品有着和已有产品类似的扩散模式和风险模式。

二、实证结果

我们在表 7-1 和表 7-2 中展示了用半马尔科夫链多状态模型估算的结果。其中模型 0 代表了未包含任何自变量的模型，模型 1 代表了加入

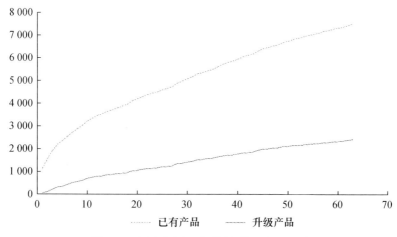

图 7-1　实用型产品（轩辕剑）的累积采用率

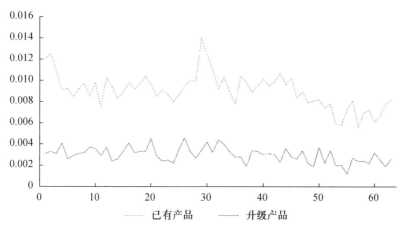

图 7-2　实用型产品（轩辕剑）的实证采用风险

自变量"社会传染"后的回归结果，模型 2 则表示加入了调节变量"社会地位"之后的模型，模型 3 是加入了自变量与调节变量之后的模型。对于相同的选择，各个模型之间的偏极大似然值的差值均大于 10，说明模型之间有显著性的差异，我们加入的变量有显著意义。

对于实用型产品（见表 7-1），从模型 1 中，我们可以观察到，社会传染对升级产品的影响系数 0.0168（$p<0.01$），而对于初次购买的影响系数为 0.00874（$p<0.01$），这表明社会传染无论是对消费者初次采用还是升级

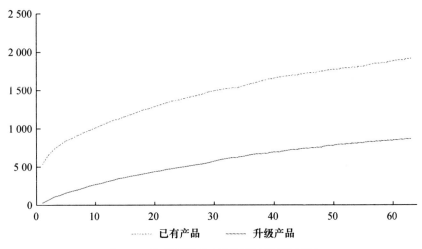

图 7-3 享乐型产品(烟花)的累积采用率

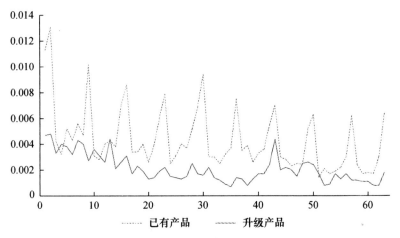

图 7-4 享乐型产品(烟花)的实证采用风险

采用实用型产品均有着正向的影响作用,也就是说,随着消费者周围采用人数的增加,消费者采用实用型产品的概率会增大;同时,由于社会传染对实用型产品的升级购买影响更大(0.0168＞0.00874),我们可以说社会传染在升级过程中的影响更大。类似地,对于享乐型产品(见表7-2),社会传染对升级购买和初次购买过程的影响系数分别为 0.00922 和 0.00818,这也表明在升级过程中,社会传染对于消费者的采用有着正向

表 7-1 实用型产品回归结果

	模型 0		模型 1		模型 2		模型 3	
	初次购买	升级购买	初次购买	升级购买	初次购买	升级购买	初次购买	升级购买
关系时效	-0.06677^*	-0.10427^*	-0.0698^*	-0.10686^*	-0.0707^*	-0.10608^*	-0.07335^*	-0.10614^*
同质性	1.21105^{**}	2.3607^{**}	1.28917^{**}	2.19529^{**}	1.13113^{**}	2.11^{**}	1.07815^{**}	2.08429^{**}
关系强度	0.00196	0.0005402	0.0018	0.0008256	0.00125	-0.0009513	0.0008058	-0.00113
在线时间长度	$4.76\text{E-}07^{**}$	$-1.50\text{E-}07^{**}$	$8.54\text{E-}08^{**}$	$-3.85\text{E-}07^{**}$	$-3.20\text{E-}07^{**}$	$-9.85\text{E-}07^{**}$	$-1.55\text{E-}07^{**}$	$-1.00\text{E-}06^{**}$
虚拟货币	0.0000277^{***}	0.0000305^{***}	$2.5\text{E-}05^{***}$	0.0000282^{***}	0.000022^{***}	0.0000248^{***}	0.0000181^{***}	0.0000238^{***}
虚拟性别	-0.11293^*	-1.06322^*	-0.128^*	-1.03623^*	-0.09484^*	-1.02445^*	-0.13739^*	-1.02134^*
社会传染			0.00874^{**}	0.0168^{**}	0.0032^{**}	0.00423^{**}	0.03765^*	0.00432^{**}
社会地位平方					$-3.19\text{E-}06^{**}$	$-4.35\text{E-}06^{**}$	$-8.77\text{E-}07^{**}$	$-4.95\text{E-}06^{**}$
社会地位					0.00559	0.0077	0.00194	0.00822
社会传染×社会地位平方							$-2.68\text{E-}08^{**}$	$-2.08\text{E-}08^{**}$
社会传染×社会地位							0.0000681^{**}	0.0000255^{**}
偏极大似然值(LL)	5 622.504		5 608.21		5 599.715		5 582.899	

注：$^*\,p<0.05$；$^{**}\,p<0.01$；$^{***}\,p<0.301$。

表7-2 享乐型产品回归结果

	模型 0		模型 1		模型 2		模型 3	
	初次购买	升级购买	初次购买	升级购买	初次购买	升级购买	初次购买	升级购买
关系时效	-0.1568*	-0.06319*	-0.5691*	-0.0977*	-0.1808**	-0.09953*	-0.2122**	-0.1716*
同质性	2.309**	1.134*	2.745**	1.483**	2.1862**	1.099*	2.845**	1.456**
关系强度	0.0007912	0.0009572	0.0004361	0.0007931	-0.000416	-0.000414	-0.000553	0.00060156
在线时间长度	-8.45E-08***	4.41E-07***	-3.91E-07***	-3.56E-08***	-6.43E-07***	1.71E-07***	-7.20E-07***	2.41E-07***
虚拟货币	0.0000318***	0.0000341***	0.0000223	0.0000241	0.000032*	0.000029*	0.0000243***	0.0000121***
虚拟性别	-1.09933***	-0.14574*	-1.10186***	-0.16263**	-1.07366***	-0.21843**	-1.0707**	-0.22491**
社会传染			0.00818*	0.00922**	0.01116**	0.01174**	0.01375**	0.01653**
社会地位平方					-6.34E-06**	-7.21E-06**	-8.91E-06**	-8.34E-06**
社会地位					0.0075*	0.00072**	0.0057*	0.0077*
社会传染×社会地位平方							4.12E-08**	3.40E-08**
社会传染×社会地位							-0.000367***	-0.0000728***
偏极大似然值(LL)	26 303		23 141		21 031		19 267	

注：* $p<0.05$；** $p<0.01$；*** $p<0.001$。

的影响，并且影响作用得到增强。因此，假设 6 得到证实。

接着，我们比较消费者个人社会地位对于实用型产品和享乐型产品在初次购买和升级购买中的调节作用。对于实用型产品（见表 7-1），从模型 3 中我们看出，在初次购买的过程中，社会地位对社会传染的调节项"社会传染×社会地位平方"的系数为 $-2.68\text{E-}08$（$p<0.001$），"社会传染×社会地位"的系数为 0.0000681（$p<0.01$）；而对于升级购买，社会地位对社会传染的调节项"社会传染×社会地位平方"的系数为 $-2.08\text{E-}08$（$p<0.01$），"社会传染×社会地位"的系数为 0.0000255（$p<0.05$），这表明消费者在升级过程中取得最高值的点在社会地位更高的消费者，并且代入方程之后，发现消费者的意愿更高。这也表明，我们的研究假设 7 得到了支持。

类似地，对于享乐型产品，从表 7-2 中可以看出，对于初次购买过程，社会地位对社会传染的调节项"社会传染×社会地位平方"的系数为 $4.12\text{E-}08$（$p<0.01$），"社会传染×社会地位"的系数为 -0.000367（$p<0.01$）；而对于升级购买，社会地位对社会传染的调节项"社会传染×社会地位平方"的系数为 $3.40\text{E-}08$（$p<0.01$），"社会传染×社会地位"的系数为 -0.0000728（$p<0.01$），这表明消费者在升级过程中取得最低值的点在社会地位更高的消费者，并且代入方程之后，发现消费者的风险取值更高，即消费者的采用意愿更高。这也表明，我们的研究假设 8 得到了支持。

第五节　讨论和小结

本章探究了社会传染在消费者升级过程中的影响，我们发现社会传染不仅会在消费者的初次购买中发挥重要作用，而且在升级购买中也有比较大的影响。并且我们还发现，无论是对于实用型产品还是享乐型产品升级，不同的消费者有着类似于初次购买的采用轨迹，但是由于升级过程中消费者对于产品信息和产品所表现的群体规范信息更加明确，因此，社会传染在升级过程中表现得更加明显,即比原有的曲线更加锐利。我们的研究有着重要的理论意义和实践意义。

一、理论意义

第一,本章的研究把对产品升级的研究拓展到虚拟领域。类似于上两章研究的理论贡献,以往的研究把关注重点放在现实世界(Burt,1987;Van den Bulte and Lilien,2001)和网络社区(Aral and Walker,2014),并没有研究探讨虚拟社区状况下的社会传染对于产品扩散的影响。我们的研究首先探究了社会传染在虚拟世界中的影响,发现在虚拟世界中社会传染依然能够起到增强产品传播的作用。

第二,我们的研究也把社会传染的研究拓展到了产品升级。以往的研究多是关注产品的初次购买(Burt,1987;Van den Bulte and Lilien,2001a;Van den Bulte and Lilien,2001b),或是不区分消费者的初次购买和后续购买(Du and Kamakura,2011),很少有研究专门关注消费者的后续购买。仅有 Iyengar et al.(2015)探究了产品的重复购买,但没有研究社会传染在产品升级过程中的影响。本章的研究结果表明,社会传染不仅在产品升级过程中会发生作用,而且其影响力相比于初次购买更大。

第三,我们探究了在不同产品类型下,消费者的社会地位对于社会传染的调节作用。以往的研究仅仅探究了在实用型产品、消费者初次购买的情景下,消费者社会地位对于社会传染的调节作用,并没有比较消费者在面对不同类型的产品以及不同情境下,社会地位的不同的调节作用。我们的研究发现,尽管社会传染对于消费者在升级过程中的影响与对他们在初次购买中的影响相一致,即对于实用型产品是倒 U 形,对于享乐型产品是正 U 形,但是,我们也发现在消费者面对升级产品的情境下,社会地位的这种倒/正 U 形调节作用会更加锐利,即对于实用型产品来说,在升级过程中,中间阶层的消费者更有意愿去采用升级的产品;对于享乐型产品,他们的采用意愿相比于初次购买更低。

二、实践意义

我们的研究也有着很广泛的实践意义。第一,尽管社会传染在营销中的应用已经得到了很大程度的开发,但是以往的研究并没有证明消费者是否在升级的过程中依然会受到社会传染的影响,并且相比于初次采用,社会传染的影响力是否会降低。我们的研究结果发现,在产品的升级过程中,消费者也会受到社会传染的影响,并且相比于初次采用,被影响程度更大。这也就启发企业的营销经理不仅要在消费者初次采用新产品时关注社会传染的影响,在产品升级的过程中更应该加强这一方面的影响。

第二,我们也为企业鉴定出了在产品升级的情境下,哪些消费者更有可能采用哪种产品。我们的研究结果表明,在升级的情境下,对于实用型产品,中间社会阶层的消费者有着更强的采用意愿,并且这种采用意愿会比消费者在初次购买中的采用意愿更加强烈;对于享乐型产品,中间社会阶层消费者的采用意愿会比较低,并且比初次采用意愿更低。这也就启发企业在产品升级时,对于实用型产品,把营销的重心放在中间阶层的消费者;而对于享乐型产品,更应该把重心放在高、低社会阶层的消费者身上。

第八章 结论和展望

第一节 研究结论

本书从社会传染的视角重点关注虚拟产品在虚拟世界中的扩散问题,我们以来自国内某大型虚拟世界运营商内部某一服务器上的64天数据为样本,运用风险模型的方法,探究了社会传染在不同情境下(产品类型差异、产品多样性差异和产品代际差异),对于不同消费者(社会地位高、中、低)的差异化影响。总结来说,我们的研究发现有以下五点。

第一,社会传染不仅在现实世界产品的扩散中发挥重要影响,在虚拟产品扩散中也起着重要的作用。以往关于社会传染的研究更多地集中在耐用品行业(Bass, 1969)、服务业(Libai *et al*., 2009)、快销品行业(王峰和黄敏学,2012),以及医药行业(Burt, 1987;Van den Bulte and Lilien, 2001a;Van den Bulte and Lilien, 2001b;Iyengar *et al*., 2015)、网络社区(Harrigan *et al*., 2012;Aral and Walker, 2012;Aral and Walker, 2014),等等。但是并没有研究探究虚拟世界情境下社会传染是否依然能够起到传播效用。本书首先通过理论分析,阐明了社会传染在虚拟环境下成立的可能性,然后通过三个实证研究的分析,证明了社会传染在不同的产品情境下都能发生作用。我们的研究进一步拓展证明了社会传染的应用领域。

第二,社会传染不仅对于实用型产品的扩散有着正向的影响作用,而且对于享乐型产品也有着类似的作用。尽管以往的研究分析了许多情境下的产品扩散,如新药(Burt,1987;Iyengar et al.,2015)、耐用品(Bass,1969)、快消品(王峰和黄敏学,2012),以及 App(Schulze et al.,2014)等,但是这些产品更多的都是为了满足消费者的特定任务或是目标,属于实用型产品的范畴。但是还有另外一种产品的类型,即享乐型产品(Botti and McGill,2011;Hirschman and Holbrook,1982),如现实生活中的看电影、听音乐,虚拟世界中的购买披风、烟花等。消费者购买这类产品不能完成具体的任务,或是达成具体的目标,更多地是为了使自己愉悦。本书首先运用理论构建的方式,验证了社会传染对于享乐型产品扩散的正向影响,接着在三个实证研究中,进一步验证了社会传染对于享乐型产品的正向作用。本书拓展了社会传染的产品应用领域。

第三,我们的研究发现,不同消费者面对实用型产品和享乐型产品会有不同的易感染途径。以往的基于实用型产品的研究证明,中间阶层的消费者对于实用型产品有着更强的采用可能性(Hu and Van den Bulte,2014),但是没有研究基于享乐型产品的背景探究不同消费者对于产品的易感性,我们以虚拟世界的虚拟产品为背景,探究了不同消费者(社会地位不同)对于实用型产品和享乐型产品社会传染的差异化易感程度。我们的研究发现,对于实用型产品,相比于高、低社会阶层的消费者,中间阶层的消费者有着更强的接受意愿,我们的研究结果和以往的研究类似;而对于享乐型产品,相比于高、低社会阶层的消费者,中间阶层的消费者对于产品的社会传染受到的影响较低。我们的研究不仅拓展了适合传染的产品应用领域,而且探究了不同社会地位的消费者对于享乐型产品和实用型产品的社会传染差异化易感机制。

第四，在产品多样性的情景下，我们首先探究了不同类型产品的社会传染对于消费者的差异化影响，接着我们针对不同的产品情境，探究产品多样性社会传染对于消费者的影响。我们的研究发现，在产品功能相差不大的情况下，企业推出的多样性产品不仅能够促进流行性产品的扩散，而且能够促进消费者对于非流行性产品的采用。并且，当探究不同产品的易感性时，我们发现：消费者在实用型产品和享乐型产品的情境下会有不同的易感性。具体地说，对于实用型产品，中间社会阶层的消费者有着比高、低社会阶层的消费者更强的采用意愿；但是对于流行性产品和非流行性产品有所区别，中间阶层的消费者对于流行性产品的采用意愿更强，而对于非流行性产品的采用意愿则会较低。对于享乐型产品，高、低社会阶层的消费者相较于中间社会阶层的消费者有着更强的采用意愿；同实用型产品类似，不同社会阶层的消费者对于流行性产品和非流行性产品的采用意愿也是不同的，具体地说，中间社会阶层的消费者对于流行性享乐型产品的采用意愿比非流行性享乐型产品的采用意愿更低。

第五，在产品升级的情境下，我们首先探究社会传染是否在产品升级的情境下继续发挥作用。研究发现，无论是对于实用型产品还是享乐型产品，社会传染不仅能对消费者的采用发挥影响力，而且相较于初次购买，在升级购买中，消费者的社会传染能够发挥更大的作用。但是，在消费者的易感性上，社会传染对于不同的消费者会有不同的传染效应。具体地说，对于实用型产品，中间社会阶层的消费者对于其他消费者的升级信息确认意愿更强；对于享乐型产品，中间社会阶层的消费者对于其他的升级消费者信息有着更强的确认意愿。

第二节 研究意义

一、理论意义

我们的发现对于以往文献的贡献主要体现在以下六个方面：社会传

染、产品采用、产品多样性、病毒营销、产品多样性以及产品升级。

第一,我们把关于社会传染的研究拓展到虚拟社区的领域。以往的研究,如 Manchanda et al.(2008)和 Iyengar et al.(2011)指出,社会传染即使是在有广告促销的情况下依然能够对新产品的扩散起到正向的影响。但是以往的文献更多地体现在现实世界中,尽管虚拟世界是以现实世界为蓝本设计出来的(Bainbridge,2007),但是,虚拟世界还是有自己的特点(Zhou et al.,2012)。因此,在新领域的情形下拓展社会传染的应用有着重要的理论意义。我们的结果显示,社会传染在虚拟世界中依然能够起到作用。

第二,在虚拟世界的背景下,产品可以因为属性的不同而被区分为享乐型产品和实用型产品(Lehdonvirta,2009)。但是以往关于社会传染的研究多以现实世界中的实用型产品为主,并且都是一种产品(Angst et al.,2010;Burt,1987;Iyengar et al.,2011;Van den Bulte and Lilien,2001)或是一类产品(Du and Kamakura,2011),如药品(Iyengar et al.,2011)、医院信息系统等(Angst et al.,2010),没有研究讨论社会传染对于享乐型产品的影响,而以往的研究已经证明消费者面对享乐型产品和实用型产品会有不同的反应机制(Holbrook and Hirschman, 1982;Okada,2005;Dhar and Wertenbroch,2000)。在本书中,我们分别检查了不同类型下社会传染的不同影响路径,我们的研究结果发现,无论是对于实用型产品还是享乐型产品,社会影响都有着正向的影响作用。

第三,消费者所受到的社会传染对于消费者采用企业的产品有着显著的促进作用,这种正向影响不仅局限在同一产品,而且能够作用于相似的产品。以往的文献在讨论问题以及验证研究假设时多采用来自一种产品的数据,如著名的来自四环素的数据(Bass,1969;Burt,1987;Van den Bulte and Lilien,2001),或是一类产品(Du and Kamakura,2011),并没有探讨消费者在面对一个品类内不同产品的情况。在本书中,我们主要探讨消费者面对同一品类内不同产品时社会影响的作用,体现了产品扩散时的溢出效应,即其他消费者的采用不仅对于目标消费者采用相同的产品有影响力,而且对消费者购买同一品类内的其他产品也会产生正向的影响。

第四,我们的研究也把社会传染的研究拓展到了产品升级的情境。以往的研究多是关注产品的初次购买(Burt,1987;Van den Bulte and Lilien,2001a;Van den Bulte and Lilien,2001b),或是不区分消费者的初次购买和后续购买(Du and Kamakura,2011),很少有研究专门关注消费者的后续购买。仅有 Iyengar *et al.*(2015)探究了产品的重复购买,但没有研究关注社会传染在产品升级过程中的影响。本书的研究结果表明,社会传染不仅在产品升级的过程中发生作用,而且其影响力相比于初次购买更大。

第五,我们发现了不同类型的消费者对于社会传染的不同易感特征。在我们的研究中,我们清晰定位出,对于享乐型产品,中间社会阶层的消费者的采用意向比高、低社会阶层的消费者要低;而对于实用型产品,中间阶层的消费者有着比中、高社会阶层的消费者更高的采用意向。尽管以往的研究已经发现对于实用型产品,消费者有着更强的采用意愿(Hu and Van den Bulte,2014),但是以往的文献并没有探究在享乐型产品的情境下,不同类型的消费者会有怎样的反应机制,我们的研究弥补了这一拼图。之后,我们的研究发现消费者在面对同一品类的不同产品的社会影响时,也会有不同的易感特征。具体地说,对于实用型产品,中间社会阶层的消费者更有可能购买流行的产品,而高、低阶层的消费者则有可能购买非流行产品;而对于享乐型产品,相对高阶层(和低阶层)中间社会阶层的消费者采用意愿会更低。最后,我们也发现了在产品升级的情境下,不同消费者对于其他消费者社会传染的易感性:对于实用型产品,中间社会阶层的消费者有着更强的确认性;对于享乐型产品,中间社会阶层的消费者采用意愿会更低一些。

第六,我们的研究可以帮助企业制定定位战略。例如,以往的研究,如 Hinz *et al.*(2011),Libai *et al.*(2013)和 Van der Lans *et al.* 2010)等,多用电脑模拟和概念模型来探究企业更应该定位哪种类型的消费者。

本书的研究成果表明，企业应该把消费者的社会地位作为定位的依据之一，并且在针对不同类型的消费者营销时，企业的定位策略还应有所差别。具体地说，对于实用型产品，应该把重点放在中间社会阶层的消费者，而对于享乐型产品，应该把重心放在高、低社会阶层的消费者。在产品多样性的情境下，面对实用型产品，企业更应该把重心放在中间阶层的消费者，而在享乐型产品的情景下，企业更应该把重心放在高、低社会阶层的消费者上。在产品升级时，中间社会阶层的消费者更容易采用实用型产品，高、低社会阶层的消费者更容易采用升级的享乐型产品。

二、实践意义

我们的研究也为营销经理们提供了很有借鉴意义的研究结论。以往的研究表明社会传染在实用型产品中的扩散有着很重要的作用，本书的研究结果表明，社会传染不仅可以作用于实用型产品，而且可以作用于享乐型产品，拓展了营销经理们可以应用社会传染的场景。另外，在以往的虚拟世界的情境下，营销经理们并没有利用用户的社会地位作为鉴定消费者易感性的标识，更多地是将其作为用户积累的一个体现，在本书中，我们发现消费者的社会地位能够作为消费者采用的一个预测指标，在实际的营销中，应针对不同社会阶层的消费者采用不同的影响策略：具体地说，对于实用型产品，企业应该把营销对象集中在中间社会阶层的消费者；而对于享乐型产品，企业应该以高、低社会阶层的消费者作为营销的主攻对象。

在企业推出多样性的产品时，我们的研究发现其他消费者的采用不仅对于消费者采用相同的产品有着传染作用，而且对消费者采用类似产品也有着促进作用，这也就启示平台运营方可以把产品按品类进行打包营销，从而提高营销的效率。另外，我们的研究也为企业针对不同的产品定位了合适的影响对象，尽管消费者对于产品本身的偏好，以及对产品内部不同流行性子类和非流行性子类的偏好有着不同，但是我们可以通过对消费者个人特征的识别，逼近消费者的真实状况，从而了解到消费者的需求，提升企业营销的效果。我们的研究发现，对于高社会地位和低社会地位的消费者，企业应该着重对他们营销非流行性产品；而对于中间社会阶层的消费者，应该重点对他们营销流行性产品。

我们的研究也为产品升级提供了很强的实践指导意义。研究结果发现，在产品的升级过程中，消费者也会受到社会传染的影响，并且相比于初次采用，影响作用更大，这也就启发企业的营销经理不仅要在消费者初次采用新产品时关注社会传染的影响，而且在升级的过程中更应该加强这方面的影响。我们也为企业鉴定出了在升级的情境下，哪些消费者更有可能采用哪种产品。研究结果发现，在产品升级的情境下，对于实用型产品，中间社会阶层的消费者有着更强的采用意愿，并且这种采用意愿会比消费者初次购买中的采用意愿更加强烈；对于享乐型产品，中间社会阶层的采用意愿会比较低，并且比初次采用意愿更低，这也就启示企业在产品升级时，对于实用型产品，应把营销的重心放在中间阶层的消费者；而对于享乐型产品，更应该把重心放在高、低社会阶层的消费者身上。

第三节 研究局限和展望

我们的研究主要以虚拟社区内虚拟产品的扩散为研究主题，虚拟世界是指由计算机构建的、消费者可以通过化身进行定居、交流、经济交易的虚拟社区(Bainbridge, 2007; Guo and Barnes, 2011)，它是仿照现实社会构建的，是现实社会的虚拟投影(Lehdonvirta, 2009)。因此，在虚拟世界的场景中，主要有两种类型的虚拟世界，一种是对战类的虚拟世界，如《魔兽世界》、DOTA 2、《英雄联盟》等，我们的研究样本也属于这一类型的虚拟世界；另一种是生活类的虚拟世界，如《第二人生》等，尽管虚拟世界拥有很大程度的相似性，但是不同类型的虚拟世界还可能有一些差异，而我们的研究主要是以对战类虚拟世界的数据为研究对象，未能包含那些生活类虚拟世界。在未来的研究中，我们希望用生活类虚拟世界的数据来验证我们的研究结论。

在以往的研究中,如 Goode *et al.* (2014)的研究发现,消费者的社会地位可以用社会连接和能力来代表,但是在现实世界中,社会地位更多地是个人在社会群体中等级位置的反映,是一种次序的表现,它反应了个人在群体其他个体心目中的期望,因此也就决定了个人在群体的机会,同时限制了个人在群体中的机遇(Podolny, 2010)。但是,在我们的研究中,我们使用消费者的个人中心度来代表消费者在虚拟社区中的地位,尽管以往的很多研究也采用类似的研究测量方式,但是社会地位还包含了消费者之间的尊重(Iyengar *et al.*, 2015),因此我们希望以后能够用问卷的方式,测量消费者与其他消费者的尊重程度,从而更好地反映消费者的社会地位。

在我们的研究中,尽管研究结果最终证实了研究假设,但是我们的研究推理更多地是理论概念模型,我们只验证了最后的结果,这也是本书的局限之一。因此,我们希望在未来应用消费者行为的视角,探究出消费者对于社会传染以及社会地位在不同产品情境下的差异化易感程度。

参考文献

1. Ahuja, Manju, Gupta, Babita and Pushkala (2003), "An Empirical Investigation of Online Consumer Purchasing Behavior," *Communications of the Acm*, 46(12), 145—51.

2. Ahuja, Manju K., Dennis F. Galletta, and Kathleen M. Carley (2003), "Individual Centrality and Performance in Virtual R&D Groups: an Empirical Study," *Management Science*, 49(1), 21—38.

3. Algesheimer, René, Utpal. M. Dholakia, and Andreas Herrmann (2005), "The Social Influence of Brand Community: Evidence from European Car Clubs," *Journal of Marketing*, 69(July), 19—34.

4. Allignol, Arthur and Aurelien Latouche (2015), "CRAN Task View: Survival Analysis," available at http://cran.r-project.org/web/views/Survival.html.

5. Anderson, Cameron, Oliver P. John, Dacher Keltner, and Ann M. Kring (2001), "Who Attains Social Status? Effects of Personality and Physical Attractiveness in Social Groups," *Journal of Personality and Social Psychology*, 81(1), 116.

6. Angst, Corey M., Ritu Agarwal, V. Sambamurthy, and Ken Kelley (2010), "Social Contagion and Information Technology Diffusion: the Adoption of Electronic

Medical Records in U. S. Hospitals," *Management Science*, 56(8), 1219—41.

7. Animesh, Alain Pinsonneault, Yang Sung-Byung, and Oh Wonseok (2011), "An Odyssey into Virtual Worlds: Exploring the Impacts of Technological and Spatial Environments on Intention to Purchase Virtual Products," *Management Information Systems Quarterly*, 35(3), 789—810.

8. Ansari, Asim, Oded Koenigsberg, and Florian Stahl (2011), "Modeling Multiple Relationships in Social Networks," *Journal of Marketing Research*, 48(4), 713—28.

9. Aral, Sinan and Dylan Walker (2011), "Creating Social Contagion through Viral Product Design: a Randomized Trial of Peer Influence in Networks," *Management Science*, 57(9), 1623—39.

10. Aral, Sinan and Dylan Walker (2012), "Identifying Influential and Susceptible Members of Social Networks," *Science*, 337(6092), 337—41.

11. Aral, Sinan and Dylan Walker (2014), "Tie Strength, Embeddedness, and Social Influence: a Large-scale Networked Experiment," *Management Science*, 60(6), 1352—70.

12. Aral, Sinan, Lev Muchnik, and Arun Sundararajan (2009), "Distinguishing Influence based Contagion from Homophily-driven Diffusion in Dynamic Networks," *Proceedings of the National Academy of Sciences*, 106(51), 21544—49.

13. Arnold, Mark J. and Kristy E. Reynolds (2003), "Hedonic Shopping Motivations," *Journal of Retailing*, 79(2), 77—95.

14. Babin, B. J., W. R. Darden, and M. Griffin (1994), "Work and/or Fun: Measuring Hedonic and Utilitarian," *Journal of Consumer Marketing*, 20(March), 644—56.

15. Bainbridge, William Sims (2007), "The Scientific Research Potential of Virtual Worlds," *Science*, 317(5837), 472—76.

16. Bainbridge, William Sims (2012), *The Warcraft Civilization: Social Science in a Virtual World*, MIT Press.

17. Ba S., Ke D., Stallaert J. and Zhang Z. (2012), "An Empirical Analysis of Virtual Goods Pricing Strategies in Virtual Worlds," *Decision Sciences*, 43(6):

1039—61.

18. Bass, Frank M. (1969), "A New Product Growth Model for Consumer Durables," *Management Science*, 15(5), 215—27.

19. Batra, Rajeev and Olli T. Ahtola (1991), "Measuring the Hedonic and Utilitarian Sources of Consumer Attitudes," *Marketing Letters*, 2(2), 159—70.

20. Bavelas, Alex (1948), "A Mathematical Model for Group Structures," *Human Organization*, 7(3), 16—30.

21. Beckman, Christine M. and Pamela R. Haunschild (2002), "Network Learning: The Effects of Partners' Heterogeneity of Experience on Corporate Acquisitions," *Administrative Science Quarterly*, 47(1), 92—124.

22. Bendix, Reinhard and Seymour Martin Lipset (1966), *Class, Status and Power*, New York: Free Press.

23. Bendle, Neil and Mark Vandenbosch (2014), "Competitor Orientation and the Evolution of Business Markets," *Marketing Science*, 33(6), 781—95.

24. Berger, Jonah, Michaela Draganska, and Itamar Simonson (2007), "The Influence of Product Variety on Brand Perception and Choice," *Marketing Science*, 26(4), 460—72.

25. Berger, Joseph and Morris Zelditch Jr. (1998), *Status, Power, and Legitimacy: Strategies and Theories*, Transaction Publishers.

26. Berger, Joseph, Bernard P. Cohen, and Morris Zelditch Jr. (1972), "Status Characteristics and Social Interaction," *American Sociological Review*, 241—55.

27. Bertini, Marco, Elie Ofek, and Dan Ariely (2009), "The Impact of Add—On Features on Consumer Product Evaluations," *Journal of Consumer Research*, 36(1), 17—28.

28. Bhattacharya, Chitrabhan B., Hayagreeva Rao, and Mary Ann Glynn (1995), "Understanding the Bond of Identification: an Investigation of Its Correlates among Art Museum Members," *The Journal of Marketing*, 46—57.

29. Blau, Peter Michael (1955), *The Dynamics of Bureaucracy: a Study of Interpersonal Relations in Two Government Agencies*, Chicago University Press.

30. Bond R. M., Fariss, C. J. and Jones J. J. et al. (2012), "A 61-million-person

Experiment in Social Influence and Political Mobilization," *Nature*, 489(7415), 295—98.

31. Book S. C. (2004), *Compact Case for Re-positionable Notes*, US, US20040089562.

32. Borgatti, Stephen P. (2005), "Centrality and Network Flow," *Social networks*, 27(1), 55—71.

33. Botti, Simona and Ann L. McGill (2011), "The Locus of Choice: Personal Causality and Satisfaction with Hedonic and Utilitarian Decisions," *Journal of Consumer Research*, 37(April), 1065—78.

34. Bray D. A., Konsynski B. R. (2007), "Virtual Worlds: Multi-disciplinary Research Opportunities," *Acm Sigmis Database*, 38(4), 17—25.

35. Brown, J. J. and P. H. Reingen (1987), "Social Ties and Word-of-Mouth Referral Behavior," *Journal of Consumer Research*, 14(3), 350—62.

36. Brynjolfsson, Erik, Yu Hu, and Michael D. Smith (2003), "Consumer Surplus in the Digital Economy: Estimating the Value of Increased Product Variety at Online Booksellers," *Management Science*, 49(11), 1580—96.

37. Bucklin, Louis P. and Sanjit Sengupta (1993), "Organizing Successful Co-marketing Alliances," *The Journal of Marketing*, 32—46.

38. Burnkrant, Robert E. and Alain Cousineau (1975), "Informational and Normative Social Influence in Buyer Behavior," *Journal of Consumer Research*, 2(December), 206—15.

39. Burt, Ronald S. (1987), "Social Contagion and Innovation: Cohesion versus Structural Equivalence," *American Journal of Sociology*, 92(May), 1287—335.

40. Burt, Ronald S. (1997), "A Note on Social Capital and Network Content," *Social Networks*, 19(4), 355—73.

41. Burt, Ronald S. (2009), *Structural Holes: the Social Structure of Competition*, Harvard University Press.

42. Cameron, A. Colin and Pravin K. Trivedi (2005), *Microeconometrics: Methods and Applications*, New York: Cambridge University Press.

43. Carrington, Peter J., John Scott, and Stanley Wasserman (2005), *Models and*

Methods in Social Network Analysis, Cambridge University Press.

44. Castronova E. (2005), *Synthetic Worlds: the Business and Culture of Online Games*, University of Chicago Press.

45. Centola, Damon (2011), "An Experimental Study of Homophily in the Adoption of Health Behavior," *Science*, 334(6060), 1269—72.

46. Cha, Jiyoung (2009), "Shopping on Social Networking Web Dites: Attitudes toward Real versus Virtual Items," *Journal of Interactive Advertising*, 10(1), 77—93.

47. Chan, Cindy, Jonah Berger, and Leaf Van Boven (2012), "Identifiable but Not Identical: Combining Social Identity and Uniqueness Motives in Choice," *Journal of Consumer research*, 39(3), 561—73.

48. Chen, Yubo, Qi Wang, and Jinhong Xie (2011), "Online Social Interactions: a Natural Experiment on Word of Mouth versus Observational Learning," *Journal of Marketing Research*, 48(2), 238—54.

49. Chitturi, Ravindra, Rajagopal Raghunathan, and Vijay Mahajan (2008), "Delight by Design: the Role of Hedonic versus Utilitarian Benefits," *Journal of Marketing*, 72(3), 48—63.

50. Christakis, Nicholas A. and James H. Fowler (2013), "Social Contagion Theory: Examining Dynamic Social Networks and Human Behavior," *Statistics in Medicine*, 32(4), 556—77.

51. Chui, Michael, James Manyika, Jacques Bughin, Richard Dobbs, Charles Roxburgh, Hugo Sarrazin, Geoffrey Sands, and Magdalena Westergren (2012), *The Social Economy: Unlocking Value and Productivity Through Social Technologies*, New York: Mckinsey and Company Research Paper.

52. Cialdini, Robert B. and Melanie R. Trost (1998), "Social Influence: Social Norms, Conformity and Compliance," 151—92.

53. Cialdini, Robert B. and Noah J. Goldstein (2004), "Social Influence: Compliance and Conformity," *Annual Review of Psychology*, 55(1), 591—621.

54. Cohen, Bernard P. and Xueguang Zhou (1991), "Status Processes in Enduring Work Groups," *American Sociological Review*, 179—88.

55. Costenbader, Elizabeth and Thomas W. Valente (2003), "The Stability of Centrality Measures When Networks are Sampled," *Social Networks*, 25(4), 283—307.

56. Cox, D. R. (1975), "Partial Likelihood," *Biometrika*, 62(2), 269—76.

57. Cravens A. (2012), *A Demographic and Business Model Analysis of Today's App Developer*, analyst report.

58. Crowley, Ayn E., Eric R. Spangenberg, and Kevin R. Hughes (1992), "Measuring the Hedonic and Utilitarian Dimensions of Attitudes toward Product Categories," *Marketing Letters*, 3(3), 239—49.

59. Danaher, Peter J., Bruce G. S. Hardie, and William P. Putsis Jr. (2001), "Marketing-mix Variables and the Diffusion of Successive Generations of a Technological Innovation," *Journal of Marketing Research*, 38(4), 501—14.

60. Darwell, Brittany (2013), "27M Users Bought Virtual Goods Using Facebook Payments in 2012; Zynga's Influence on Revenue Further Diminish," available at http://www.insidefacebook.com/category/virtualgoods/.

61. De Botton, Alain (2008), *Status Anxiety*, Vintage.

62. Deutsch, Morton and Harold B. Gerard (1955), "A Study of Normative and Informational Social Influences upon Individual Judgment," *The Journal of Abnormal and Social Psychology*, 51(3), 629.

63. De Wreede, Liesbeth C., Marta Fiocco, and Hein Putter (2010), "The Mstate Package for Estimation and Prediction in Non-and Semi-parametric Multi-state and Competing Risks Models," *Computer Methods and Programs in Biomedicine*, 99(3), 261—74.

64. Dhar, Ravi and Klaus Wertenbroch (2000), "Consumer Choice between Hedonic and Utilitarian Goods," *Journal of Marketing Research*, 37 (February), 60—71.

65. Dittes, James E. and Harold H. Kelley (1956), "Effects of Different Conditions of Acceptance upon Conformity to Group Norms," *The Journal of Abnormal and Social Psychology*, 53(1), 100.

66. Dodds, Wellesley (1973), "An Application of the Bass Model in Long-term New Product Forecasting," *Journal of Marketing Research*, 308—11.

67. Dolk H., Loane M. and Garne E. (2011), "Congenital Heart Defects in Europe: Prevalence and Perinatal Mortality, 2000 to 2005," *Circulation*, *123*(8), 841—49.

68. Du, Rex Yuxing and Wagner A. Kamakura (2011), "Measuring Contagion in the Diffusion of Consumer Packaged Goods," *Journal of Marketing Research* 48 (February), 28—47.

69. Eastwick, Paul W. and Wendi L. Gardner (2009), "Is It a Game? Evidence for Social Influence in the Virtual World," *Social Influence*, 4(1), 18—32.

70. Emarketer (2011), "Virtual Goods Purchases Rise for Certain Gamers," available at http://www.emarketer.com/Article/Virtual-Goods-Purchases-Rise-Certain-Gamers/1008544.

71. Escalas, Jennifer, Katherine White, Jennifer J. Argo, Jaideep Sengupta, Claudia Townsend, Sanjay Sood, Morgan K. Ward, Susan M. Broniarczyk, Cindy Chan, Jonah Berger, Leaf Van Boven, Keri L. Kettle, Gerald Häubl, Kathryn R. Mercurio, and Mark R. Forehand (2013), "Self-Identity and Consumer Behavior," *Journal of Consumer Research*, 39(5), xv—xviii.

72. ——(1982), "Ethnic Variation in Hedonic Consumption," *The Journal of Social Psychology*, 118(2), 225—34.

73. Fairfield J. (2005), "Virtual Property," *Social Science Electronic Publishing*, 85(4), 1047—102.

74. Fang, X., P. J. Hu, Z. L. Li, and W. Tsai (2013), "Predicting Adoption Probabilities in Social Networks," *Information Systems Research*, 24(1), 128—45.

75. Feick, Lawrence and Robin A. Higie (1992), "The Effects of Preference Heterogeneity and Source Characteristics on Ad Processing and Judgements about Endorsers," *Journal of Advertising*, 21(2), 9—24.

76. Festinger (1954), "Research Methods in the Behavioral Sciences /ed. by Leon Festinger [and] Daniel Katz," *American Catholic Sociological Review*, 15(2), 213—14.

77. Fetscherin, Marc, Christoph Lattemann, and Guido Lang (2008), "Virtual

Worlds Research: a Conceptual Primer," *Journal of Electronic Commerce Research*, 9(3), 192—94.

78. Fiocco, Marta, Hein Putter, and Hans C. van Houwelingen (2008), "Reduced—rank Proportional Hazards Regression and Simulation—based Prediction for Multi—state Models," *Statistics in Medicine*, 27(21), 4340—58.

79. Fisher, Marshall and Christopher Ittner (1999), "The Impact of Product Variety on Automobile Assembly Operations: Empirical Evidence and Simulation Analysis," *Management Science*, 45(6), 771—86.

80. Fisher, Marshall, Kamalini Ramdas, and Karl Ulrich (1999), "Component Sharing in the Management of Product Variety: a Study of Automotive Braking Systems," *Management Science*, 45(3), 297—315.

81. Fisher, Robert J. and David Ackerman (1998), "The Effects of Recognition and Group need on Volunteerism: a Social Norm Perspective," *Journal of Consumer Research*, 25(3), 262—75.

82. Fiss P. C. (2006), "Social Influence Effects and Managerial Compensation Evidence from Germany," *Strategic Management Journal*, 27(11), 1013—31.

83. Foucher, Yohann, Eve Mathieu, Philippe Saint—Pierre, Jean—François Durand, and Jean Pierre Daurès (2005), "A Semi—Markov Model Based on Generalized Weibull Distribution with an Illustration for HIV Disease," *Biometrical Journal*, 47(6), 825—33.

84. Frayne, Colette A. and Gary P. Latham (1987), "Application of Social Learning Theory to Employee Self-management of Attendance," *Journal of Applied Psychology*, 72(3), 387.

85. Freeman, Linton C. (1979), "Centrality in Social Networks Conceptual Clarification," *Social Networks*, 1(3), 215—39.

86. Frenzen, Jonathan and Kent Nakamoto (1993), "Structure, Cooperation, and the Flow of Market Information," *Journal of Consumer Research*, 360—75.

87. Friedkin, Noah E. (1991), "Theoretical Foundations for Centrality Measures," *American Journal of Sociology*, 1478—504.

88. Gao. (2014), "Comparsion of the Effects of Succinate and Nadh on Postmortem

Metmyoglobin Redcutase Activity and Beef Colour Stability," *Journal of Integrative Agriculture*, 13(08), 1817—26.

89. Gardner, Burleigh B. and David G. Moore (1950), "Human Relations in Industry."

90. Gardner, Burleigh B. and Sidney J. Levy (1955), "The Product and the Brand," *Harvard Business Review*, 33(2), 33—39.

91. Geng, Xianjun, Maxwell B. Stinchcombe, and Andrew B. Whinston (2005), "Bundling Information Goods of Decreasing Value," *Management Science*, 51(4), 662—67.

92. Ginter, Peter M. and Donald D. White (1982), "A Social Learning Approach to Strategic Management: Toward a Theoretical Foundation," *Academy of Management Review*, 7(2), 253—61.

93. Goel L., Johnson N. A., Junglas I., and Ives, B. (2011), "From Space to Place: Predicting Users' Intentions to Return to Virtual Worlds," *Management Information Systems Quarterly*, 35(3), 749—72.

94. Goel S., Goldstein D. G. (2014), "*Predicting Individual Behavior with Social Networks*," *Marketing Science*, 33(1), 82—93, Informs.

95. Goldhamer, Herbert and Edward A. Shils (1939), "Types of Power and Status," *American Journal of Sociology*, 171—82.

96. Goldenberg, Jacob, Sangman Han, Donald R. Lehmann, and Jee Weon Hong (2009), "The Role of Hubs in the Adoption Process," *Journal of Marketing*, 73(2), 1—13.

97. Gonzalez, Gabriel R., Danny P. Claro, and Robert W. Palmatier (2014), "Synergistic Effects of Relationship Managers' Social Networks on Sales Performance," *Journal of Marketing*, 78(1), 76—94.

98. Goode, Sigi, Greg Shailer, Mark Wilson, and Jaroslaw Jankowski (2014), "Gifting and Status in Virtual Worlds," *Journal of Management Information Systems*, 31(2), 171—210.

99. Goode, William J. (2004), *The Celebration of Heroes: Prestige as a Social Control System*, University of California Press.

100. Gouldner, Alvin W. (1960), "The Norm of Reciprocity: a Preliminary Statement," *American Sociological Review*, 161—78.

101. Gould, Roger V. (2002), "The Origins of Status Hierarchies: a Formal Theory and Empirical Test1," *American Journal of Sociology*, 107(5), 1143—78.

102. Gould, Roger V. (2003), *Collision of Wills: How Ambiguity about Social Rank Breeds Conflict*, University of Chicago Press.

103. Granovetter, Mark S. (1973), "The Strength of Weak Ties," *American Journal of Sociology*, 78(6), 1360—80.

104. Greengard, Samuel (2011), "Social Games, Virtual Goods," *Communications of the ACM*, 54(4), 19—21.

105. Griskevicius, Vladas, Joshua M. Tybur, and Bram Van den Bergh (2010), "Going Green to Be Seen: Status, Reputation, and Conspicuous Conservation," *Journal of Personality and Social Psychology*, 98(3), 392.

106. Grusky, David B. and Robert M. Hauser (1984), "Comparative Social Mobility Revisited: Models of Convergence and Divergence in 16 Countries," *American Sociological Review*, 19—38.

107. Guo, Yue and Stuart J. Barnes (2012), "Explaining Purchasing Behavior within World of Warcraft," *Journal of Computer Information Systems*, 52(3), 18—30.

108. Guo, Yue and Stuart J. Barnes (2011), "Purchase Behavior in Virtual Worlds: an Empirical Investigation in Second Life," *Information & Management*, 48(7), 303—12.

109. Hackman, Judith Dozier (1985), "Power and Centrality in the Allocation of Resources in Colleges and Universities," *Administrative Science Quarterly*, 61—77.

110. Hadlock, Charles J., C. Edward Fee, and Shawn Thomas (2006), "Corporate Equity Ownership and the Governance of Product Market Relationships," *The Journal of Finance*, 61(3), 7.

111. Hagstrom, Warren O. (1965), *The Scientific Community*, New York: Basic Books.

112. Harrigan, Nicholas, Palakorn Achananuparp, and Ee-Peng Lim (2012), "Influentials, Novelty, and Social Contagion: the Viral Power of Average Friends, Close Communities, and Old News," *Social Networks*, 34(4), 470—80.

113. Harvey, O. J. and Conrad Consalvi (1960), "Status and Conformity to Pressures in Informal Groups," *The Journal of Abnormal and Social Psychology*, 60(2), 182.

114. Hegde, Deepak and Justin Tumlinson (2014), "Does Social Proximity Enhance Business Partnerships? Theory and Evidence from Ethnicity's Role in US Venture Capital," *Management Science*, 60(9), 2355—80.

115. Heide, Jan B. and Kenneth H. Wathne (2006), "Friends, Businesspeople, and Relationship Roles: a Conceptual Framework and a Research Agenda," *Journal of Marketing*, 70(3), 90—103.

116. Hemp A. (2006), "Vegetation of Kilimanjaro: Hidden Endemics and Missing Bamboo. *African Journal of Ecology*, 44(3), 305—28.

117. Hinz O., Skiera B., Barrot C., and Becker J. U. (2011), "Seeding Strategies for Viral Marketing: an Empirical Comparison," *Publications of Darmstadt Technical University Institute for Business Studies*, 75(11), 55—71.

118. Hirschman, Elizabeth C. (1980a), "Attributes of Attributes and Layers of Meaning," *Advances in Consumer Research*, 7(1).

119. Hirschman, Elizabeth C. (1980b), "Commonality and Idiosyncrasy in Popular Culture: an Empirical Examination of the 'Layers of Meaning' Concept," in Symbolic Consumption: Proceedings of the Conference on Consumer Esthetics and Symbolic Consumption.

120. Hirschman, Elizabeth C. (1981), "American Jewish Ethnicity: Its Relationship to Some Selected Aspects of Consumer Behavior," *The Journal of Marketing*, 102—10.

121. Hirschman, Elizabeth C. and Morris B. Holbrook (1982), "Hedonic Consumption: Emerging Concepts, Methods and Propositions," *The Journal of Marketing*, 92—101.

122. Ho-Dac, Nga N., Stephen J. Carson, and William L. Moore (2013), "The

Effects of Positive and Negative Online Customer Reviews: Do Brand Strength and Category Maturity Matter?" *Journal of Marketing*, 77(6), 37—53.

123. Holbrook, Morris B. and Elizabeth C. Hirschman (1982), "The Experiential Aspects of Consumption: Consumer Fantasies, Feelings, and Fun," *Journal of Consumer Research*, 9(September), 132—40.

124. Holden, Robert T. (1986), "The Contagiousness of Aircraft Hijacking," *American Journal of Sociology*, 874—904.

125. Hollander, Edwin P. (1958), "Conformity, Status, and Idiosyncrasy Credit," *Psychological Review*, 65(2), 117.

126. Holyoak, Lynda (2002), "Psychology in Organizations: The Social Identity Approach," *Leadership & Organization Development Journal*, 23(3), 166—67.

127. Homans, George Caspar (1988), *Sentiments and Activities: Essays in Social Science*, Transaction Publishers.

128. Homburg, Christian, Jan Wieseke, and Wayne D. Hoyer (2009), "Social Identity and the Service-profit Chain," *Journal of Marketing*, 73(2), 38—54.

129. Huang, Yun, Cuihua Shen, and Noshir S. Contractor (2013), "Distance Matters: Exploring Proximity and Homophily in Virtual World Networks," *Decision Support Systems*, 55(4), 969—77.

130. Huh, Young Eun and Sang-Hoon Kim (2008), "Do Early Adopters Upgrade Early? Role of Post-adoption Behavior in the Purchase of Next-generation Products," *Journal of Business Research*, 61(1), 40—46.

131. Hu, Yansong and Christophe Van den Bulte (2014), "Nonmonotonic Status Effects in New Product Adoption," *Marketing Science*, 33(4), 509—33.

132. Ives D. J. G. (2011), "Some Abnormal Hydrogen Electrode Reactions," *Canadian Journal of Chemistry*, 37(1), 213—21.

133. Iyengar, Raghuram, Christophe Van den Bulte, and Jae Young Lee (2015), "Social Contagion in New Product Trial and Repeat," *Marketing Science*, 1—22.

134. Iyengar, Raghuram, Christophe Van den Bulte, and Thomas W. Valente (2011), "Opinion Leadership and Social Contagion in New Product Diffusion,"

Marketing Science, 30(2), 195—212.

135. Jackson, John Archer (1968), *Social Stratification*, Cambridge University Press.

136. Jacoby J., Kyner D. B. (1973), "Brand Loyalty vs. Repeat Purchasing Behavior," *Journal of Marketing Research*, 10(1), 1—9.

137. Jahoda, Marie (1959), "Conformity and Independence," *Human Relations* (12), 99—120.

138. Janghyuk, Lee, Lee Jong-Ho, and Lee Dongwon (2009), "Impacts of Tie Characteristics on Online Viral Diffusion," *Communications of AIS*, 2009(24), 545—56.

139. Jing, Bing (2011), "Social Learning and Dynamic Pricing of Durable Goods," *Marketing Science*, 30(5), 851—65.

140. Johnston, Wesley J. and Thomas V. Bonoma (1981), "The Buying Center: Structure and Interaction Patterns," *The Journal of Marketing*, 143—56.

141. Joshi, Yogesh V., David J. Reibstein, and Z. John Zhang (2009), "Optimal Entry Timing in Markets with Social Influence," *Management Science*, 55(6), 926—39.

142. Juho, Hamari and Vili Lehdonvirta (2010), "Game Design as Marketing: How Game Mechanics Create Demand for Virtual Goods," *International Journal of Business Science & Applied Management*, 5(1), 14—29.

143. Jung, Yoonhyuk and Suzanne D. Pawlowski (2014a), "Virtual Goods, Real Goals: Exploring Means-end Goal Structures of Consumers in Social Virtual Worlds," *Information & Management*, 51(5), 520—31.

144. Jung, Yoonhyuk and Suzanne D. Pawlowski (2014b), "Understanding Consumption in Social Virtual Worlds: a Sensemaking Perspective on the Consumption of Virtual Goods," *Journal of Business Research*, 67(10), 1—8.

145. Kacperczyk, Aleksandra J. (2013), "Social Influence and Entrepreneurship: the Effect of University Peers on Entrepreneurial Entry," *Organization Science*, 24(3), 664—83.

146. Kelman, Herbert C. (1961), "Processes of Opinion Change," *Public Opinion*

Quarterly, 25(1), 57—78.

147. Kenis, Patrick and David Knoke (2002), "How Organizational Field Networks Shape Interorganizational Tie-formation Rates," *Academy of Management Review*, 27(2), 275—93.

148. Kennedy, Mark Thomas and Peer Christian Fiss (2009), "Institutionalization, Framing, and Diffusion: the Logic of TQM Adoption and Implementation Decisions among US Hospitals," *Academy of Management Journal*, 52(5), 897—918.

149. Kilduff, Martin and Wenpin Tsai (2003), *Social Networks and Organizations*: Sage.

150. Kim Y. O., Park S. and Nam B. H. *et al.* (2012), "Ruegeria Halocynthiae Sp. Nov. Isolated from the Sea Squirt Halocynthia Roretzi," *International Journal of Systematic & Evolutionary Microbiology*, 62(Pt 4), 925.

151. Kivetz, Ran, Oleg Urminsky, and Yuhuang Zheng (2006), "The Goal-gradient Hypothesis Resurrected: Purchase Acceleration, Illusionary Goal Progress, and Customer Retention," *Journal of Marketing Research*, 43(1), 39—58.

152. Koles, Bernadett and Peter Nagy (2012), "Virtual Customers behind Avatars: the Relationship between Virtual Identity and Virtual Consumption in Second Life," *Journal of Theoretical and Applied Electronic Commerce Research*, 7(2), 87—105.

153. Kumar (2007), "Multichannel Shopping: Causes and Consequences," *Journal of Marketing*, 71(2), 114—32.

154. Lans R. V. D., Bruggen G. V, Eliashberg J. and Wierenga B. (2010), "A Viral Branching Model for Predicting the Spread of Electronic Word of Mouth," *Marketing Science*, 29(ERS-2009-029-MKT), 348—65.

155. Lazarsfeld P. F. (1944), "The Controversy over Detailed Interviews-an Offer for Negotiation," *Public Opinion Quarterly*, 8(1), 38—60.

156. Leahey, Erin (2004), "The Role of Status in Evaluating Research: the Case of Data Editing," *Social Science Research*, 33(3), 521—37.

157. Leavitt, Harold J. (1951), "Some Effects of Certain Communication Patterns on

Group Performance," *The Journal of Abnormal and Social Psychology*, 46(1), 38.

158. Lebon, G. (1993), "Extended Thermodynamics," *Springer Tracts in Natural Philosophy*, 37, 139—204.

159. Lehdonvirta, Vili, Terhi-Anna Wilska, and Mikael Johnson (2009), "Virtual Consumerism: Case Habbo Hotel," *Information, Communication & Society*, 12(7), 1059—79.

160. Lehdonvirta, Vili (2009), "Virtual Item Sales as a Revenue Model: Identifying Attributes that Drive Purchase Decisions," *Electronic Commerce Research*, 9, 97—113.

161. Lehdonvirta V. (2009), "Virtual Item Sales as a Revenue Model: Identifying Attributes that Drive Purchase Decisions," *Electronic Commerce Research*, 9(1—2), 97—113.

162. Levy, Sidney J. (1959), "Symbols for Sale," *Harvard Business Review*, 37(4), 117—24.

163. Libai, Barak, Eitan Muller, and Renana Peres (2009), "The Diffusion of Services," *Journal of Marketing Research*, 46(April), 163—75.

164. Listwon, Agnieszka and Philippe Saint-Pierre (2015), "SemiMarkov: an R Package for Parametric Estimation in Multi-State Semi-Markov Models," *Journal of Statistical Software*.

165. Lovaglia, Michael J., Jeffrey W. Lucas, and Shane R. Thye (1998), "Status Processes and Mental Ability Test Scores 1," *American Journal of Sociology*, 104(1), 195—228.

166. Lynn, Michael and Charles R. Snyder (2002), *Uniqueness Seeking*, Oxford University Press.

167. Lynn, Michael and Judy Harris (1997), "Individual Differences in the Pursuit of Self—uniqueness through Consumption," *Journal of Applied Social Psychology*, 27(21), 1861—83.

168. Mahajan, Vijay, Eitan Muller, and Frank M. Bass (1990), "New Product Diffusion Models in Marketing: a Review and Directions for Research," *Journal of*

Marketing, 54(1), 1—26.

169. Ma, Liye, Ramayya Krishnan, and Alan L. Montgomery (2014), "Latent Homophily or Social Influence? an Empirical Analysis of Purchase Within a Social Network," *Management Science*.

170. Manchanda, Puneet, Ying Xie, and Nara Youn (2008), "The Role of Targeted Communication and Contagion in Product Adoption," *Management Science*, 27(6), 961—76.

171. Marsden, Peter V. and Karen E. Campbell (1984), "Measuring Tie Strength," *Social forces*, 63(2), 482—501.

172. Martin, Mark V. and Kosuke Ishii (2002), "Design for Variety: Developing Standardized and Modularized Product Platform Architectures," *Research in Engineering Design*, 13(4), 213—35.

173. Marwick, Alice E. (2013), *Status Update: Celebrity, Publicity, and Branding in the Social Media Age*, Yale University Press.

174. Maslow, Abraham H. (2013), *Toward a Psychology of Being*, Start Publishing LLC.

175. Massey (2010), "Obstetric Anaesthesia with Vinyl Ether," *Acta Anaesthesiologica Scandinavica*, 3(s2), 5—8.

176. McPherson, Miller, Lynn Smith-Lovin, and James M. Cook (2001), "Birds of a Feather: Homophily in Social Networks," *Annual Review of Sociology*, 27, 415.

177. Mcshane P. J. Naureckas, E. T., & Strek, M. E. (2012), "Bronchiectasis in a Diverse Us Population: Effects of Ethnicity on Etiology and Sputum Culture," *Chest*, 142(1), 159.

178. Menchik, Daniel A. and David O. Meltzer (2010), "The Cultivation of Esteem and Retrieval of Scientific Knowledge in Physician Networks," *Journal of Health and Social Behavior*, 51(2), 137—52.

179. Mennecke, Brian, Edward M. Roche, David A. Bray, Benn Konsynski, John Lester, Michael Rowe, and Anthony M. Townsend (2008), "Second Life and Other Virtual Worlds: a Roadmap for Research," *Communications of the Associ-*

ation for Information Systems, 22(20), 371—88.

180. Mäntymäki, Matti and Jari Salo(2011), "Teenagers in Social Virtual Worlds: Continuous Use and Purchasing Behavior in Habbo Hotel," *Computers in Human Behavior*, 27(6), 2088—97.

181. Mäntymäki, Matti and Jari Salo(2013), "Purchasing Behavior in Social Virtual Worlds: an Examination of Habbo Hotel," *International Journal of Information Management*, 33(2), 282—90.

182. Moretti, Enrico (2011), "Social Learning and Peer Effects in Consumption: Evidence from Movie Sales," *The Review of Economic Studies*, 78(1), 356—93.

183. Newman, George E., G. I. L. Diesendruck, and Paul Bloom (2011), "Celebrity Contagion and the Value of Objects," *Journal of Consumer Research*, 38(2), 215—28.

184. Newman, Katherine S. (1988), *Falling from Grace: Downward Mobility in the Age of Affluence*, University of California Press.

185. Newman, Mark E. J. (2005), "A Measure of Betweenness Centrality based on Random Walks," *Social networks*, 27(1), 39—54.

186. Nitzan, Irit and Barak Libai (2011), "Social Effects on Customer Retention," *Journal of Marketing*, 75(November), 24—38.

187. O'Curry, Suzanne and Michal Strahilevitz (2001), "Probability and Mode of Acquisition Effects on Choices between Hedonic and Utilitarian Options," *Marketing Letters*, 12(1), 37—49.

188. Okada, Erica Mina (2001), "Trade—Ins, Mental Accounting, and Product Replacement Decisions," *Journal of Consumer Research*, 27(4), 433—46.

189. Okada, Erica Mina (2005), "Justification Effects on Consumer Choice of Hedonic and Utilitarian Goods," *Journal of Marketing Research*, 42(February), 43—53.

190. Okada, Erica Mina (2006), "Upgrades and New Purchases," *Journal of Marketing*, 70(4), 92—102.

191. Onnela, J.-P., Jari Saramäki, Jorkki Hyvönen, György Szabó, David Lazer, Kimmo Kaski, János Kertész, and A.-L. Barabási (2007), "Structure and Tie

Strengths in Mobile Communication Networks," *Proceedings of the National Academy of Sciences*, 104(18), 7332—36.

192. Oppewal, Harmen, Jordan J. Louviere, and Harry J. P. Timmermans (1994), "Modeling Hierarchical Conjoint Processes with Integrated Choice Experiments," *Journal of Marketing Research*, 92—105.

193. Ornstein, Robert E. (1972), *The Psychology of Consciousness*, New York: Penguin Books, Inc.

194. Osborne, John W. and Frank H. Farley (1970), "The Relationship between Aesthetic Preference and Visual Complexity in Absract Art," *Psychonomic Science*, 19(2), 69—70.

195. Pacheco, Julianna (2012), "The Social Contagion Model: Exploring the Role of Public Opinion on the Diffusion of Antismoking Legislation across the American States," *Journal of Politics*, 74(January), 187—202.

196. Padmanabhan, Vijay, Surendra Rajiv, and Kannan Srinivasan (1997), "New Products, Upgrades, and New Releases: a Rationale for Sequential Product Introduction," *Journal of Marketing Research*, 34(4), 456—72.

197. Palmatier, R. W. (2008), "Interfirm Relational Drivers of Customer Value," *Journal of Marketing*, 72(4), 76—89.

198. Park, Bong-Won and Kun Chang Lee (2011), "Exploring the Value of Purchasing Online Game Items," *Computers in Human Behavior*, 27(6), 2178—85.

199. Patel, Pankaj C. and Jayanth Jayaram (2014), "The Antecedents and Consequences of Product Variety in New Ventures: an Empirical Study," *Journal of Operations Management*, 32(1), 34—50.

200. Pavlou P. A., Fygenson M. (2006), "Understanding and Predicting Electronic Commerce Adoption: an Extension of the Theory of Planned Behavior," *Management Information Systems Quarterly*, 30(1), 115—43.

201. Pham, Michel Tuan (1998), "Representativeness, Relevance, and the Use of Feelings in Decision Making," *Journal of Consumer Research*, 25(2), 144—59.

202. Phillips, Damon J. and Ezra W. Zuckerman (2001), "Middle—Status Conformity: Theoretical Restatement and Empirical Demonstration in Two Markets," *A-*

merican Journal of Sociology, 107(2), 379—429.

203. Podolny, Joel M. and Freda Lynn (2009), *Status*, Oxford: Oxford University Press.

204. Podolny, Joel M. (2010), *Status Signals: a Sociological Study of Market Competition*, Princeton, New Jersey: Princeton University Press.

205. Popielarz, Donald T. (1967), "An Exploration of Perceived Risk and Willingness to Try New Products," *Journal of Marketing Research*, 4(4), 368—72.

206. Putter, H., M. Fiocco, and R. B. Geskus (2007), "Tutorial in Biostatistics: Competing Risks and Multi—state Models," *Statistics in Medicine*, 26(11), 2389—430.

207. Raghunathan, Rajagopal and Julie R. Irwin (2001), "Walking the Hedonic Product Treadmill: Default Contrast and Mood—Based Assimilation in Judgments of Predicted Happiness with a Target Product," *Journal of Consumer Research*, 28(3), 355—68.

208. Raghunathan, Rajagopal and Kim Corfman (2006), "Is Happiness Shared Doubled and Sadness Shared Halved? Social Influence on Enjoyment of Hedonic Experiences," *Journal of Marketing Research*, 43(August), 386—94.

209. Randall, Taylor and Karl Ulrich (2001), "Product Variety, Supply Chain Structure, and Firm Performance: Analysis of the US Bicycle Industry," *Management Science*, 47(12), 1588—604.

210. Ransbotham, Sam, Gerald C. Kane, and Nicholas H. Lurie (2012), "Network Characteristics and the Value of Collaborative User-generated Content," *Marketing Science*, 31(3), 387—405.

211. Reppenhagen, David (2010), "Contagion of Accounting Methods: Evidence from Stock Option Expensing," *Review of Accounting Studies*, 15(3), 629—57.

212. Risselada, Hans, Peter C. Verhoef, and Tammo H. A. Bijmolt (2014), "Dynamic Effects of Social Influence and Direct Marketing on the Adoption of High-Technology Products," *Journal of Marketing*, 78(2), 52—68.

213. Rogers, Everett M. (2010), *Diffusion of Innovations*, New York: Simon and Schuster.

214. Rondeau, Virginie, Laurent Filleul, and Pierre Joly (2006), "Nested Frailty Models Using Maximum Penalized Likelihood Estimation," *Statistics in Medicine*, 25(23), 4036—52.

215. Rondeau, Virginie, Yassin Mazroui, and Juan R. Gonzalez (2012), "Frailtypack: an R Package for the Analysis of Correlated Survival Data with Frailty Models Using Penalized Likelihood Estimation or Parametrical Estimation," *Journal of Statistical Software*, 47(4), 1—28.

216. Rook, Dennis W. (1985), "The Ritual Dimension of Consumer Behavior," *Journal of Consumer Research*, 251—64.

217. Roquilly C. (2011), "Control over Virtual Worlds by Game Companies: Issues and Recommendations," *Management Information Systems Quarterly*, 35(3), 653—71.

218. Ross Jr., William T. and Diana C. Robertson (2007), "Compound Relationships between Firms," *Journal of Marketing*, 71(3), 108—23.

219. Rossman, Gabriel, Nicole Esparza, and Phillip Bonacich (2010), "I'd like to Thank the Academy, Team Spillovers, and Network Centrality," *American Sociological Review*, 75(1), 31—51.

220. Sauder, Michael, Freda Lynn, and Joel M. Podolny (2012), "Status: Insights from Organizational Sociology," *Annual Review of Sociology*, 38, 267—83.

221. Schulze, Christian, Lisa Schöler, and Bernd Skiera (2014), "Not All Fun and Games: Viral Marketing for Utilitarian Products," *Journal of Marketing*, 78(1), 1—19.

222. Scott, Brent A. and Timothy A. Judge (2009), "The Popularity Contest at Work: Who Wins, Why, and What Do They Receive?" *Journal of Applied Psychology*, 94(1), 20.

223. Shane, Scott and Toby Stuart (2002), "Organizational Endowments and the Performance of University Start-ups," *Management science*, 48(1), 154—70.

224. Shelton, Ashleigh K. (2010), "Defining the Lines between Virtual and Real World Purchases: Second Life Sells, But Who's Buying?," *Computers in Human Behavior*, 26(6), 1223—27.

225. Sheldon, David P. (2007), "Claiming Ownership, but Getting Owned: Contractual Limitations on Asserting Property Interests in Virtual Goods," *UCLA Law Review*, 54(3), 751—87.

226. Shih, Eric and Hope Jensen Schau (2011), "To Justify or Not to Justify: the Role of Anticipated Regret on Consumers' Decisions to Upgrade Technological Innovations," *Journal of Retailing*, 87(2), 242—51.

227. Shi, Shasha, Lin, Juanyu, Yongfei and Yu, et al. (2014), "*Dimeric Structure of p300/CBP Associated Factor*," doctoral dissertation, Biomed Central Ltd.

228. Singer, Jerome L. (1966), Daydreaming: *An Introduction to the Experimental Study of Inner Experience*, New York: Random House.

229. Snyder, Charles Richard and Howard L. Fromkin (1980), *Uniqueness: The Human Pursuit of Difference*, New York: Plenum Press.

230. Sridhar, Shrihari and Raji Srinivasan (2012), "Social Influence Effects in Online Product Ratings," *Journal of Marketing*, 76(September), 70—88.

231. Steffes, Erin M. and Lawrence E. Burgee (2009), "Social Ties and Online Word of Mouth," *Internet Research*, 19(1), 42—59.

232. Stephen, Andrew. T. and Olivier Toubia (2010), "Deriving Value from Social Commerce Networks," *Journal of Marketing Research*, 47(2), 215—28.

233. Strahilevitz, Michal and John Myers (1998), "Donations to Charity as Purchase Incentives: How Well They Work May Depend on What You are Trying to Sell," *Journal of Consumer Research*, 24(March), 434.

234. Strang, David and Nancy Brandon Tuma (1993), "Spatial and Temporal Heterogeneity in Diffusion," *American Journal of Sociology*, 614—39.

235. Suh, Ayoung and Kyung-shik Shin (2010), "Exploring the Effects of Online Social Ties on Knowledge Sharing: a Comparative Analysis of Collocated vs Dispersed Teams," *Journal of Information Science*, 36(4), 443—63.

236. Szell, Michael and Stefan Thurner (2010), "Measuring Social Dynamics in a Massive Multiplayer Online Game," *Social Networks*, 32(4), 313—29.

237. Tajfel, Henri (2010), *Social Identity and Intergroup Relations*, Cambridge University Press.

238. Thompson, S. A. and R. K. Sinha (2008), "Brand Communities and New Product Adoption: The Influence and Limits of Oppositional Loyalty," *Journal of Marketing*, 72(November), 65—80.

239. Tian, Kelly Tepper, William O. Bearden, and Gary L. Hunter (2001), "Consumers' Need for Uniqueness: Scale Development and Validation," *Journal of Consumer Research*, 28(1), 50—66.

240. Townsend, Claudia and Sanjay Sood (2012), "Self-affirmation through the Choice of Highly Aesthetic Products," *Journal of Consumer Research*, 39(2), 415—28.

241. Trusov M., Bucklin R. E. and Pauwels K. (2009), "Effects of Word-of-mouth versus Traditional Marketing: Findings from an Internet Social Networking Site," *Journal of Marketing*, 73(5), 90—102.

242. Trusov, Michael, Anand V. Bodapati, and Randolph E. Bucklin (2010), "Determining Influential Users in Internet Social Networks," *Journal of Marketing Research*, 47(August), 643—58.

243. Tuli, Kapil R., Sundar G. Bharadwaj, and Ajay. K. Kohli (2010), "Ties that Bind: the Impact of Multiple Types of Ties with a Customer on Sales Growth and Sales Volatility," *Journal of Marketing Research*, 47(1), 36—50.

244. Turner, Bryan S. (1988), *Status*, University of Minnesota Press.

245. Ugander M., Oki A. J. and Hsu L. Y. et al. (2012), "Extracellular Volume Imaging by Magnetic Resonance Imaging Provides Insights into Overt and Subclinical Myocardial Pathology," *European Heart Journal*, 33(10), 1268—78.

246. Vaida, Florin and Ronghui Xu (2000), "Proportional Hazards Model with Random Effects," *Statistics in Medicine*, 19(24), 3309—24.

247. Van den Bulte, Christophe and Gary L. Lilien (2001a), "Medical Innovation Revisited: Social Contagion versus Marketing Effort," *American Journal of Sociology*, 106(5), 1409—35.

248. Van den Bulte, Christophe and Gary L. Lilien (2001b), "Two-stage Partial Observability Models of Innovation Adoption," *working paper*, Wharton School, University of Pennsylvania.

249. Van den Bulte, Christophe and Raghuram Iyengar (2011), "Tricked by Truncation: Spurious Duration Dependence and Social Contagion in Hazard Models," *Marketing science*, 30(2), 233—48.

250. Van den Bulte, Christophe and Stefan Stremersch (2004), "Social Contagion and Income Heterogeneity in New Product Diffusion: a Meta-Analytic Test," *Marketing Science*, 23(Fall), 530—44.

251. Van den Bulte, Christophe and Stefan Wuyts (2007), *Social Networks and Marketing*, Marketing Science Institute.

252. Verhagen, Tibert, Frans Feldberg, Bart van den Hooff, Selmar Meents, and Jani Merikivi (2011), "Satisfaction with Virtual Worlds: an Integrated Model of Experiential Value," *Information & Management*, 48(6), 201—07.

253. Verhagen, Tibert, Frans Feldberg, Bart van den Hooff, Selmar Meents, and Jani Merikivi (2012), "Understanding Users' Motivations to Engage in Virtual Worlds: a Multipurpose Model and Empirical Testing," *Computers in Human Behavior*, 28(2), 484—95.

254. Villas-Boas, J. Miguel (2009), "Product Variety and Endogenous Pricing with Evaluation Costs," *Management Science*, 55(8), 1338—46.

255. Voss, Kevin E., Eric R. Spangenberg, and Bianca Grohmann (2003), "Measuring the Hedonic and Utilitarian Dimensions of Consumer Attitude," *Journal of Marketing Research*, 40(3), 310—20.

256. Wang, Yinglei, Darren B. Meister, and Peter H. Gray (2013), "Social Influence and Knowledge Management Systems Use: Evidence from Panel Data," *MIS Quarterly*, 37(1), 299—313.

257. Wasserman, Stanley (1994), *Social Network Analysis: Methods and Applications*, Cambridge University Press.

258. Watts, Duncan J. and Peter Sheridan Dodds (2007), "Influentials, Networks, and Public Opinion Formation," *Journal of Consumer Research*, 34(4), 441—58.

259. Wellman, Barry and Scot Wortley (1990), "Different Strokes from Different Folks: Community Ties and Social Support," *American Journal of Sociology*,

558—88.

260. Westphal, James D., Ranjay Gulati, and Stephen M. Shortell (1997), "Customization or Conformity? an Institutional and Network Perspective on the Content and Consequences of TQM Adoption," *Administrative Science Quarterly*, 366—94.

261. White, Katherine and Jennifer J. Argo (2011), "When Imitation Doesn't Flatter: the Role of Consumer Distinctiveness in Responses to Mimicry," *Journal of Consumer Research*, 38(4), 667—80.

262. White, Katherine, Jennifer J. Argo, and Jaideep Sengupta (2012), "Dissociative versus Associative Responses to Social Identity Threat: the Role of Consumer Self-construal," *Journal of Consumer Research*, 39(4), 704—19.

263. Wikipedia (2015), "Social Status," available at http://en.wikipedia.org/wiki/Social_status.

264. Wu, Chi-Cheng, Ying-Ju Chen, and Yung Jan Cho (2013), "Nested Network Effects in Online Free Games with Accessory Selling," *Journal of Interactive Marketing*, 27(3), 158—71.

265. Wu, Shinyi, Lorin M. Hitt, Peiyu Chen, and G. Anandalingam (2008), "Customized Bundle Pricing for Information Goods: a Nonlinear Mixed-Integer Programming Approach," *Management Science*, 54(3), 608—22.

266. Yang, Wan and Anna S. Mattila (2012), "The Role of Tie Strength on Consumer Dissatisfaction Responses," *International Journal of Hospitality Management*, 31(2), 399—404.

267. Yee N. (2006), "Motivations for Play in Online Games," *Cyberpsychology & Behavior the Impact of the Internet Multimedia & Virtual Reality on Behavior & Society*, 9(6), 772.

268. Yin, Shuya, Saibal Ray, Haresh Gurnani, and Animesh Animesh (2010), "Durable Products with Multiple Used Goods Markets: Product Upgrade and Retail Pricing Implications," *Marketing Science*, 29(3), 540—60.

269. Yoon (2005), "Why Has the Euro Had a Marginal Impact on East Asia? a Case Study of South Korea," University of Bristol.

270. Young, H. Peyton (2009), "Innovation Diffusion in Heterogeneous Populations: Contagion, Social Influence, and Social Learning," *The American Economic Review*, 99(December), 1899—924.

271. Zeng, Xiaohua and Liyuan Wei (2013), "Social Ties and User Content Generation: Evidence from Flickr," *Information Systems Research*, 24(1), 71—87.

272. Zhenhui Jiang, Izak Benbasat. (2004), "Virtual Product Experience: Effects of Visual and Functional Control of Products on Perceived Diagnosticity and Flow in Electronic Shopping," *Journal of Management Information Systems*, 21(3), 111—47.

273. Zhou, Bingqing, Aurelien Latouche, Vanderson Rocha, and Jason Fine (2011), "Competing Risks Regression for Stratified Data," *Biometrics*, 67(2), 661—70.

274. Zhou, Bingqing, Jason Fine, Aurelien Latouche, and Myriam Labopin (2012a), "Competing Risks Regression for Clustered Data," *Biostatistics*, 13(3), 371—83.

275. Zhou, Zhongyun, Yulin Fang, Douglas R. Vogel, Xiao-Ling Jin, and Xi Zhang (2012b), "Attracted to or Locked in? Predicting Continuance Intention in Social Virtual World Services," *Journal of Management Information Systems*, 29(1), 273—306.

276. Zhu, Kevin and Kenneth L. Kraemer (2005), "Post-adoption Variations in Usage and Value of E-business by Organizations: Cross-country Evidence from the Retail Industry," *Information Systems Research*, 16(1), 61—84.

277. Ziamou, Paschalina and Srinivasan Ratneshwar (2003), "Innovations in Product Functionality: When and Why are Explicit Comparisons Effective?," *Journal of Marketing*, 67(2), 49—61.

278. Zuckerman, Marvin (1979), *Sensation Seeking: beyond the Optimal Level of Arousal*, NJ: Halsted Press.

279. Zwick D., Dholakia, N. (2006), "Bringing the Market to Life: Screen Aesthetics and the Epistemic Consumption Object," *Marketing Theory*, 6(1), 41—62.

280. 陈爱辉, 鲁耀斌. SNS用户活跃行为研究: 集成承诺、社会支持、沉没成本和社会影响理论的观点. 南开管理评论, 2014, 17(3): 30—39.

281. 陈立巍,叶强.虚拟世界网络用户生活方式测量模型研究.管理科学,2009,22(2):83—90.

282. 李季,王汉生,涂平.对于尝试重购新产品扩散模型的改进:logit模型及NILS估计.中国管理科学,2008,16(6):105—111.

283. 卢向华,冯越.网络口碑的价值——基于在线餐馆点评的实证研究.管理世界,2009,(7):126—132.

284. 罗晓光,溪璐路.基于社会网络分析方法的顾客口碑意见领袖研究.管理评论,2012,24(1):75—81.

285. 毛蕴诗,汪建成.基于产品升级的自主创新路径研究.管理世界,2006,(5):114—120.

286. 王峰,黄敏学.基于有限状态自动机的新产品市场成长研究.管理科学学报,2012,15(7),26—35.

287. 闫幸,常亚平.社交网站虚拟礼品购物价值对购买意愿的影响研究.管理学报,2013,10(2),252—259.